Dion | Kurze Anleitung zur Rettung der Erde

© Fanny Dion

Cyril Dion, geb. 1978, ist Schriftsteller, Regisseur und Aktivist. Sein Dokumentarfilm *Tomorrow – Die Welt ist voller Lösungen* lief 2015 in den deutschen Kinos. Die von Dion 2018 mitinitiierte Petition gegen die Umweltpolitik der französischen Regierung ist mit 2,2 Millionen Unterzeichnern die erfolgreichste in der Geschichte der Republik.

Cyril Dion

Kurze Anleitung
zur Rettung der Erde

Wofür wir heute kämpfen müssen

Aus dem Französischen übersetzt
von Ute Kruse-Ebeling

RECLAM

Die französische Originalausgabe erschien unter dem Titel *Petit manuel de résistance contemporaine. Récits et stratégies pour transformer le monde* bei Actes Sud, Arles.

2019 Philipp Reclam jun. Verlag GmbH,
Siemensstraße 32, 71254 Ditzingen

© Actes Sud, 2018

Umschlaggestaltung: zero-media.net
Druck und buchbinderische Verarbeitung: GGP Media GmbH,
Karl-Marx-Straße 24, 07381 Pößneck
Printed in Germany 2019
RECLAM ist eine eingetragene Marke
der Philipp Reclam jun. GmbH & Co. KG, Stuttgart
ISBN 978-3-15-011215-1

Auch als E-Book erhältlich

www.reclam.de

Inhalt

»Wir müssen möglichst schnell den Übergang von einer ding- hin zu einer personenorientierten Gesellschaft einleiten. Wenn Maschinen und Computer, Profit-gründe und Eigentumsrechte für wichtiger erachtet werden als Menschen, lässt sich das riesige Dreigespann aus Rassismus, extremem Materialismus und Militarismus nicht besiegen.«

Martin Luther King Jr.

(»Beyond Vietnam« [›Jenseits von Vietnam‹],
Rede, gehalten in New York am 4. April 1967)

Vorwort

»Warum werden Ihre Überlegungen nicht gedruckt? Wie kann man Leute wie mich überzeugen, die zwar mit dem Gedanken spielen, ihre Gewohnheiten zu verändern, aber es einfach nicht schaffen?«

Es ist der 9. Dezember 2015. Ich bin zu Gast in einer sehr bekannten Fernsehsendung. Auf der anderen Seite der Mattscheibe verfolgen drei Millionen Fernsehzuschauer vermutlich eher nebenbei unsere Debatte. Auf dem Sessel mir gegenüber wirkt Yann Arthus-Bertrand sichtlich betrübt.

Seit mehreren Minuten treibt uns die – gerade erst zur besten Interviewerin Frankreichs gekürte – Journalistin, die unsere Filme kommentieren soll,* in die Enge. Der Schriftsteller und scharfzüngige Kritiker neben ihr, der dieselbe Aufgabe hat, macht weiterhin einen gelangweilten Eindruck.

Sie wendet sich erneut an mich: Der Film wirke zu cool, die Menschen, die wir zeigen, seien zu perfekt. Als sie ihn gesehen habe, habe sie sich gefühlt, als müsse sie ersticken: »Ich hatte nur noch einen Wunsch: den Flieger nehmen, mir ein Schaumbad einlassen und ein dickes T-Bone-Steak essen.«[1]

Sie wirft uns vor, die Sache falsch anzugehen. Dass wir ihr keine Lust darauf machen würden, aktiv zu werden, um die ökologische Katastrophe zu verhindern. Als ob wir dafür zuständig wären, sie wachzurütteln. Dieser Moment ist mir auf merkwürdige Weise in Erinnerung geblieben. Meine Worte klangen wie ein fernes Rauschen in meinen Ohren. Ich dachte mir, wie seltsam, dass solche Unterhaltungen (über den

---

* Yann Arthus-Bertrand hatte gerade den Film *Terra* herausgebracht, und Mélanie Laurent und ich hatten die Doku *Demain* [dt. Titel: *Tomorrow: Die Welt ist voller Lösungen*, Anm. d. Ü.] gedreht. (Die Anmerkungen mit Sternchen finden sich am Fuß der Seite, die mit arabischer Ziffer finden sich am Ende des Werkes, S. 161.)

ökologischen Kollaps) in bestimmten Kontexten wie von selbst funktionieren und in anderen einfach nur ins Leere laufen …

Einige Monate später hatte die Öffentlichkeit Léa Salamés Theorie teilweise widerlegt. Die Idee, die wir in *Tomorrow* entwickelt hatten, hatte die Leute erreicht. Zumindest hatten 1,2 Millionen Menschen ihn sich im französischen Kino angesehen. Dann lief der Film in 30 weiteren Ländern an und gewann den César. Täglich erreichten uns Nachrichten von Menschen, die uns erzählten, was sie nach Verlassen des Kinos getan hatten: z. B. einen Kompost angelegt, eine lokale Währung gegründet, den Beruf gewechselt … Ihren eigenen Worten zufolge hatten wir »eine Geschichte, die guttut«, erzählt. Wir hatten ihnen »Hoffnung zurückgegeben« und sie »inspiriert«.

Dennoch hatte unsere Kritikerin an jenem Abend auch nicht völlig unrecht. Insgesamt gelingt es uns Umweltschützern nicht, unsere Botschaft zu übermitteln. Zumindest nicht in ausreichendem Maße.

Trotz all unserer Bemühungen verschlechtert sich die Situation in atemberaubender Geschwindigkeit immer weiter.

In dieser Hinsicht hat der Sommer 2017 alle Rekorde gebrochen: ein Rieseneisberg, der sich vom Schelfeis löste, Orkane von nie dagewesener Stärke, die höchste Temperatur, die jemals auf der Erde gemessen wurde, tödliche Überschwemmungen in Indien, katastrophale Brände in Portugal und Kalifornien, eine alarmierende Studie nach der anderen … Und jener berühmte Artikel von David Wallace-Wells, auf den ich noch später zurückkommen werde. Selbst wenn man von einem unerschütterlichen Glauben an die Menschheit und an ihre Fähigkeit, auch mit den schlimmsten Situationen fertigzuwerden, beseelt ist: Wer keine Angst vor dem hat, was uns in den kommenden Jahrzehnten noch erwartet, ist entweder ein naiver Optimist oder ausgesprochen kühn.

Unsere Reaktion auf all diese katastrophalen Neuigkeiten bestand über viele Jahre darin, unsere Mitmenschen immer und immer wieder zu warnen … Wir müssen uns jedoch eingestehen, dass das nichts bringt. Diese Informationen immer wieder herunterzubeten, sie verzweifelt in den sozialen Netzwerken zu posten, Kampagnen zu starten, also das zu tun, was wir Aktivisten, NGOs und Fachpresse seit Jahren unermüdlich tun, mag nützlich sein, zeigt aber insgesamt zu wenig Wirkung. So unglaublich es auch all jenen erscheinen mag, die die absolute ökologische Dringlichkeit erfasst und verinnerlicht haben – das Thema lässt die Massen kalt. Gewiss hat die Aufmerksamkeit für den Schutz unseres Planeten seit zwanzig Jahren zugenommen, man kann sogar sagen, dass sie noch nie so groß war wie heute. Dennoch bleibt die Mobilisierung gegen den Klimawandel lächerlich schwach. Beim größten Marsch der vergangenen Jahre, der im September 2014 in New York organisiert wurde, versammelten sich 300 000 Menschen, trotz des Medienrummels und der vielen amerikanischen Kinostars, die sich an die Spitze des Zuges gestellt hatten. Am 28. und 29. November 2015, unmittelbar vor dem großen Weltklimagipfel von Paris (der berühmten COP21), wurde ein weltweiter Marsch organisiert (der aber in Paris als Folge der Bataclan-Attentate verboten wurde). Nach Angaben der NGO 350.org zogen an die 2300 Protestzüge durch die Straßen von 175 Ländern, insgesamt beteiligten sich 785 000 Menschen[2] (laut *Guardian* 600 000[3]). Im Vergleich dazu kamen 1,5 Millionen Franzosen auf die Champs-Élysées in Paris, um den Sieg Frankreichs bei der Fußballweltmeisterschaft zu feiern, und mindestens 500 000 nahmen am Trauerzug für Johnny Hallyday teil.

Gewiss wächst die Sorge um die Umwelt in der Bevölkerung seit einigen Jahren, doch sie bleibt moderat. Auch wenn sie mitteilsam und begeistert an die Sache herangehen, wissen die neuen Umweltschützer häufig nicht so recht, womit sie anfangen sollen, erschöpfen sich in kleinen Aktionen mit schwacher Wirkung oder widmen sich Projekten, die noch nicht mit den sozialen, politischen und wirtschaftlichen Organisationen um sie herum koordiniert sind. Trotz ihrer (und unserer) Bemühungen schreitet die Zerstörung immer schneller voran als die Regeneration. Unendlich viel schneller. Wir schlafen. Von Zeit zu Zeit packt uns das Ausmaß der Katastrophe, dann nimmt der Alltag wieder seinen Lauf. Unaufhaltsam. Weil wir diese materialistische Welt lieben. Auf jeden Fall haben wir uns an sie gewöhnt. So sehr, dass wir nicht mehr anders leben können. Heute aber müssen wir schneller vorankommen und weiter gehen.

Das Ausmaß der Gefahr, mit der wir es zu tun haben, ist mit dem eines Weltkrieges vergleichbar. Zweifellos sogar noch schlimmer. Befördert wird sie von einer materialistischen, neoliberalen Ideologie, in der es hauptsächlich darum geht, Reichtum, Komfort und Gewinne zu erzielen. In der die Natur als ein riesiges Ressourcenlager zum Ausbeuten betrachtet wird; in der Tiere und andere Lebewesen für produktive oder unproduktive Variablen und Menschen für Zahnräder gehalten werden, die die ökonomische Maschine am Laufen halten müssen. Wir sollten Widerstand leisten. Wie zum Beispiel diejenigen unserer Vorfahren, die Widerstand gegen den Nationalsozialismus geleistet haben, oder die Afroamerikaner, die Widerstand gegen die Sklaverei und später gegen die Rassentrennung geleistet haben, sollten wir uns nach und nach diesem fatalen Ziel verweigern. Wir sollten uns erheben und die Macht über unser kollektives Schicksal zurückgewinnen. Wir wollen nicht auf den Zusammenbruch und die Zerstörung zusteuern. Wir wollen keine absurde Welt errichten, in der jeder auf seine Rolle als Produzent-Konsument reduziert wird. Wir haben nicht vor, jegliches Leben auf der Erde auszurotten, einfach nur, damit wir uns aufs Sofa setzen können, das Smartphone in der Hand, mit säuselnder Musik und laufendem Fernseher im Hintergrund, mit Lieferant an der Haustür, geregelter Raumtemperatur von 22 °C usw. ... Falls doch, sind wir definitiv degeneriert.

In diesem Buch habe ich versucht, die besten Strategien zusammenzustellen, mit denen wir Widerstand leisten können. Nach zwei Jahren Recherche, Lektüre und Begegnungen in über 18 Ländern habe ich rückblickend festgestellt, dass die wirksamsten Strategien nicht unbedingt diejenigen sind, an die wir vielleicht im ersten Moment denken. Demonstrieren, Petitionen unterzeichnen, lokal handeln, anders konsumieren, spenden, sich für etwas einsetzen, Orte besetzen, Dinge boykottieren ... All diese Vorschläge finden wir in unzähligen Werken, Artikeln, Sendungen und sozialen Netzwerken, doch sie sind nutzlos oder nahezu nutzlos, solange sie nur isoliert von Einzelnen umgesetzt werden. Radikalere Ideen, die einen Aufstand oder gewaltsame Auseinandersetzungen erfordern, würden hingegen sicherlich nur dazu führen, dass wir das kopieren, was wir zu bekämpfen behaupten. Meiner Ansicht nach geht es nicht darum, zu den Waffen zu greifen, sondern wir müssen unsere Art, wie wir die Welt betrachten, verändern. Seit jeher waren es vor allem die Geschichten, die Narrative, die philosophische, ethische oder politische Veränderungen bewirkt haben. Wir können daher durch neue Narrative eine echte »Revolution« auslösen. Doch damit diese Narrative entstehen und in politische, wirtschaftliche sowie soziale Strukturen übersetzt werden können, müssen wir auf die Rahmenbedingungen einwirken, die unsere Verhaltensweisen leiten. Damit werde ich mich im letzten Teil des Buchs befassen.

Wenn all diese Fragen Ihnen eigentlich zu weit gehen (und Sie aus wundersamen Gründen dennoch dieses Buch in den Händen halten), so hoffe ich, dass ich Ihr Interesse gleichwohl wecken kann.

Wenn diese Fragen Sie durchaus berühren, Sie sich aber machtlos fühlen, so hoffe ich, dass ich Ihnen Handlungsmöglichkeiten aufzeigen kann. Wir können uns nicht länger damit zufriedengeben, die Dinge aus der Ferne zu betrachten, mit den Schultern zu zucken oder mit dem Finger auf jemand anderes zu zeigen. Wir sind alle auf die eine oder andere Weise an diesem Prozess der massiven Zerstörung beteiligt. Es ist an der Zeit, dass wir wieder selbstständig denken und Entscheidungen treffen.

Ich hoffe, dass Sie bei der Lektüre dieses Buches spüren, wie sich das so charakteristische Gefühl von Freiheit langsam in ihren Gliedern und ihrer Brust ausbreitet. Dieser unvergleichliche Drang, etwas zu schaffen und nützlich zu sein; das Bedürfnis, zu einer Sache beizutragen, die uns selbst übersteigt; sich an einer Bewegung zu beteiligen, an die sich noch unsere Kinder und Enkelkinder erinnern werden, wenn sie diesen Schlüsselmoment in unserer Geschichte näher betrachten. Jenen Moment, in dem wir beschlossen haben, nicht aufzugeben.

Es ist schlimmer, als Sie denken

Mir ist bewusst, dass die Lektüre dieses Kapitels nicht gerade angenehm sein wird, und das Verkünden von Katastrophen ist auch wenig erfreulich. Doch wir müssen unsere Überlegungen auf eine solide Grundlage stellen. Über welche ökologische Lage reden wir genau? Was steht uns in den kommenden Jahrzehnten bevor? Tatsächlich befinden wir uns in einer ungemein paradoxen Situation – die zweifellos mit unserer Schwierigkeit zu reagieren zusammenhängt. Denn es stehen zwar zahlreiche ökologische Indikatoren auf Rot, andere Indikatoren stehen aber für einen Teil der Menschheit klar auf Grün. Je nachdem, aus welchem Blickwinkel wir die Welt betrachten, und je nachdem, wie wir die gesammelten Daten zusammenfügen, können wir daher zu völlig unterschiedlichen Schlussfolgerungen gelangen.

Wenn wir in Europa, Nordamerika, Japan, Australien, Südafrika oder in einer der zahlreicher werdenden asiatischen, südamerikanischen oder afrikanischen Städte wohnen und wenn wir zur Minderheit der reichsten Menschen auf der Erde gehören, dann genießen wir heute einen Komfort, der in der gesamten Menschheitsgeschichte absolut beispiellos ist. Dank unserer Energieerzeugung können wir die Landschaften formen, in wenigen Stunden um die Welt reisen, uns in eiskalten oder glühend heißen Gegenden ansiedeln, um dort neue Mikroklimata zu schaffen, Waren, Kleidung oder Nahrung in großen Mengen produzieren, Arme durch Prothesen ersetzen, Haare verpflanzen, mit Sonden unsere Arterien oder auch das Sonnensystem erforschen und mit einem Klick mit einer Person am anderen Ende der Welt kommunizieren, deren Gesicht wir auf einem Ding aus Metall und Glas sehen, das kleiner ist als ein Stück Butter. Wir können die Gehirne, Gedanken und Schriften von mehreren

Milliarden zuvor weit verstreut lebenden Menschen miteinander verbinden, Roboter und Maschinen bauen, die in der
Lage sind, uns die schwersten Arbeiten abzunehmen, und
künstliche Intelligenz mithilfe von Hochleistungsrechnern
erschaffen, deren Rechenkapazitäten alles übertreffen, was
wir uns vor kaum hundert Jahren auch nur hätten erträumen
können.

Wer wäre nicht von einer solchen Macht berauscht? Zu-
mal wir jahrhundertelang erbittert darum kämpfen mussten,
der Erde auch nur das Nötigste zum Überleben abzuringen
und unsere schwachen, hilflosen Körper ohne Krallen, Fell
und starke Muskeln vor den drohenden Gefahren zu schüt-
zen. Vor dem Erfrieren, vor Hitzetod, vor dem Ertrinken im
Ozean ... In ständiger Angst vor den Nächten, vor Blitz-
schlag, vor dem unerklärlichen Wüten der Natur. Jahrhunderte haben wir damit verbracht, Götter und Flüche zu erfinden sowie Geschichten zu konstruieren, die erklären können, warum wir sterben. Warum wir leben.

Heute können wir das Leben endlich genießen. Und wir
wollen nicht mehr sterben.

Der Philosoph Michel Serres ruft uns immer wieder gern in
Erinnerung, dass wir seit fast 65 Jahren vergleichsweise in
Frieden leben,* doch auch dies ist in der Geschichte West-
europas beispiellos.[1] Um eine historische Perspektive zu
bemühen: Kamen in England im 14. Jahrhundert jährlich
100 Tötungsdelikte auf 100 000 Einwohner, sind es heute
nur noch 0,7.[2] Dieser Trend zeichnet sich seit Ende des Zweiten Weltkrieges auf der ganzen Welt ab. Trotz des Vietnam-
krieges, des Genozids in Ruanda oder des Bürgerkrieges in
Syrien ist die Zahl der Todesfälle aufgrund von Kriegen oder

---

* Mit Ausnahme des Kriegs in Bosnien, der fast 100 000 Menschenleben
forderte.

Tötungsdelikten auf dem niedrigsten Stand seit sechs Jahrhunderten.[3]

Innerhalb eines Jahrhunderts haben wir unsere Lebenserwartung um mehrere Jahrzehnte erhöht; wir haben Krankheiten ausgerottet, die zuvor Millionen von Menschen töteten. Unsere Art hat sich vervielfacht. Nun, da wir endlich sicher und in der Lage sind, unsere Geburten zu kontrollieren, das Überleben unserer Babys zu sichern, unsere Alten zu unterstützen und unsere Kranken zu heilen, hat sich die Zahl der Menschen in weniger als einem Jahrhundert verdoppelt und verdreifacht. Dabei haben wir jeden Winkel der Erde bevölkert und die Grenzen der unberührten Natur immer weiter zurückgedrängt.

Den Propheten des digitalen Zeitalters und des Transhumanismus zufolge werden wir in Zukunft mithilfe von Chips bzw. Speichermedien im Gehirn unsere kognitiven Fähigkeiten verdoppeln, unsere Organe reparieren, unsere Körper vor dem Verfall und unsere Herzen vor dem Stillstand bewahren können. Und wir werden das, was uns zu Menschen machte, überwinden und göttergleich werden.

Angesichts all dieser Errungenschaften müsste unsere Gegenwart für einige eigentlich Anlass zur Freude bieten. Doch im Gegensatz zu dieser beeindruckenden Fortschrittslitanei sollte uns eine andere Aufzählung stark beunruhigen. Denn diese unglaublichen Fortschritte kommen nicht allen Menschen in gleicher Weise zugute. Alle sechs Sekunden stirbt auf der Welt ein Kind an Hunger, alle sieben Sekunden an fehlendem Zugang zu medizinischer Versorgung. Jeder neunte Mensch ist unterernährt, jeder zehnte Mensch trinkt Wasser, das so verschmutzt ist, dass wir nicht einmal unsere Autos damit waschen würden.[4] In Kuba kommen 672 Ärzte auf 100 000 Einwohner, in Äthiopien sind es gerade einmal drei …[5] Und was die Umwelt angeht, haben wir in den vergangenen vierzig

Jahren die Hälfte aller Populationen der Wirbeltiere auf der Erde und innerhalb von nur drei Jahrzehnten 80 Prozent der Fluginsekten in Europa verloren; schon bald wird es mehr Plastik als Fische in den Ozeanen geben, 2400 Bäume werden pro Minute gefällt,[6] Dürren, Überschwemmungen und Tornados nehmen zu, immer mehr Gebiete werden dauerhaft vom Meer überspült. Millionen von Flüchtlingen sind bereits auf der Suche nach einem Ort, wo sie überleben können, das Wasser wird knapper, die Böden erodieren ...

All diese Zahlen sind hinlänglich bekannt. Wenn wir uns für dieses Thema interessieren, finden wir sie mühelos in vielen Artikeln, hören sie aus dem Munde von Ökologen, die sie immer und immer wieder bis zum Abwinken wiederholen. Doch unser Gehirn reagiert nicht auf Zahlen und Konzepte, es braucht Bilder, Beispiele von realen Situationen, die beschreiben, was sich hinter Worten wie »globale Erwärmung« verbirgt. Klar, die Temperatur steigt. Doch was heißt das in der Praxis?

Im Juli 2017 hat der amerikanische Journalist David Wallace-Wells einen Artikel verfasst, der in wenigen Wochen zum meistgelesenen Artikel in der Geschichte des *New York Magazine*[7] avancierte. Darin versucht er, die Zerstörungen aufzulisten, die uns die erfahrensten Wissenschaftler für die kommenden Jahrzehnte vorhersagen, wenn wir nicht die globale Erwärmung stoppen. Und er beginnt mit einer eisigen Warnung:

> Ich kann Ihnen eines versichern: Es ist schlimmer, als Sie denken. Wenn Sie in Bezug auf den Klimawandel vor allem Angst vor dem Anstieg des Meeresspiegels haben, so haben Sie nicht einmal an der Oberfläche der Schrecken gekratzt, die ein Jugendlicher von heute im Laufe seines Lebens erleben wird.

Ähnlich wie die 22 Wissenschaftler, die 2012 die nunmehr berühmte internationale Studie *Approaching a State of Shift in Earth's Biosphere* veröffentlichten,[8] und wie Pablo Servigne und Raphaël Stevens, deren Schlussfolgerungen in ihrem Werk *Comment tout peut s'effondrer* sich auf Dutzende von Publikationen renommierter Fachzeitschriften wie *Nature* und *Science* stützen, sowie zahlreiche Whistleblower und -blowerinnen rund um den Globus, beruft sich auch David Wallace-Wells auf unzählige Studien. »Dutzende von Interviews und Gesprächen mit Klimatologen und Forschern, Hunderte von wissenschaftlichen Artikeln über den Klimawandel« sind in seine Beschreibung des Kollapses und der Katastrophen eingeflossen, die die Menschheit in den kommenden Jahrzehnten erleben könnte.

Dass ich so viel vorwegschicke, bevor ich die Befunde von Wallace-Wells zusammenzufassen versuche, liegt schlicht daran, dass all seine Aussagen unglaublich, ja, nahezu unmöglich klingen. Schließlich scheint unsere unmittelbare Realität – diejenige, die wir durch unsere Fenster beobachten können – davon meilenweit entfernt zu sein.

Und doch.

Erstens erhitzt sich die Erde schneller, als die besorgniserregendsten Vorhersagen des Weltklimarats (bzw. des Zwischenstaatlichen Expertengremiums für Klimaänderungen, IPCC) oder andere offizielle Stellen es angekündigt haben. »Seit 1998 doppelt so schnell wie von Wissenschaftlern angenommen.«[9] Wir sind bereits bei einer Erhöhung der Durchschnittstemperaturen um 1,2 °C angekommen. Bei unserem gegenwärtigen Kurs landen wir eher bei 4 °C, möglicherweise bei 8 °C. Zwar soll das Abkommen von Paris die Erwärmung bis zum Jahr 2100 unter 2 °C halten, doch die internen Szenarien der Mineralölkonzerne Shell und BP sagen einen durchschnittlichen globalen Temperaturanstieg um 5 °C bis zum Jahr 2050 voraus.[10] Und leider befürchte ich, dass die zynische Buchhalterlogik der multinationalen Konzerne weniger zur Blindheit neigt als die Logik der Regierungen.

Schon jetzt sehen wir Anzeichen der Erwärmung, etwa den Eisberg, 55-mal so groß wie Paris, der sich im Sommer 2017 in der Arktis löste, oder die Temperaturen in der Antarktis, die im Januar 2017 20 °C über dem Durchschnitt lagen. Wir haben aber auch den absolut größten, jemals auf der Erde gemessenen Hitzerekord von 2016 erlebt,* oder die Rekordzahl von Hurrikans im August und September 2017.[11]

Doch das, was uns erwartet, kündigt sich noch auf andere, beängstigendere Weise an.

Eines der größten Probleme betrifft das Auftauen der Permafrostböden. Diese dauergefrorene Fläche bedeckt 20 Prozent des Planeten und reicht von Sibirien über Teile Skandinaviens bis hin zur Arktis. Allein in der Arktis sollen 1800 Milliarden Tonnen Kohlenstoff eingeschlossen sein, doppelt so viel, wie sich gegenwärtig in der Atmosphäre befindet. Ist der Permafrostboden erst einmal aufgetaut, wird dieser Kohlenstoff teilweise in Form von Methan freigesetzt, dessen Klimawirksamkeit die des CO_2 bei weitem übersteigt. In Sibirien schlummern 70 Milliarden Tonnen Kohlenstoff unter dem harten Boden, und das Auftauen hat bereits begonnen. All das kommt noch zu den Emissionen hinzu, die wir weiterhin in immer stärkerem Maße produzieren.

Die gegenwärtige Erwärmung könnte also die zukünftige Erwärmung beschleunigen und zu unkontrollierbaren Ver-

---

* Nach dem Stand von 2018 war 2016 das Jahr mit den höchsten Temperaturen auf der Erde seit Beginn der Temperaturmessungen im Jahr 1880: Vgl. Foucart, Stéphane, »Climat: 2016 bat un record de chaleur, la planète entre en ›territoire inconnu‹«, in: *Le Monde*, 21. März 2017.

änderungen führen. Jenseits von 5 °C können wir nicht mehr genau sagen, wie die Dinge ablaufen werden. Bei einem der letzten Massenaussterben vor 252 Millionen Jahren »fing alles an, als der Kohlenstoff die Erde um 5 °C erwärmte; es beschleunigte sich, als die Erwärmung Methan in der Arktis freisetzte, und endete mit der Auslöschung von 97 Prozent des Lebens auf der Erde«, schreibt Wells. Wir reichern heute jedoch die Atmosphäre zehnmal schneller mit Kohlenstoff an, als es damals geschah. Man muss nur einen kleinen Denkschritt tun, um daraus apokalyptische Schlussfolgerungen zu ziehen. Davor scheuen die meisten Wissenschaftler allerdings aus guten Gründen zurück, nämlich aufgrund der Nichtvorhersagbarkeit der Zukunft, der Komplexität der gegenwärtigen Phänomene sowie der Ethik und Verantwortung. Dennoch eröffnen diese Faktoren eine besondere Perspektive auf die Zukunft.

Nun fragt man sich natürlich sofort: Warum? Warum sollte eine Erhöhung von 5 bis 8 °C zum teilweisen Aussterben des Lebens auf der Erde führen können?

Zunächst einmal aufgrund der Wärme.
   Wie alle Säugetiere muss unser Organismus eine konstante Temperatur halten, um im Gleichgewicht zu bleiben. In unserem Fall beträgt sie 37 °C. Übersteigt die Außentemperatur unsere innere Temperatur, können wir durch Mechanismen wie das Schwitzen unseren Körper durch Feuchtigkeit abkühlen. Bis zu einem gewissen Punkt …
   Bei einer Erhöhung um 4 °C würde jeder Sommer so glühend heiß wie die Hitzewelle von 2003 werden, die 70 000 Menschen in Europa das Leben kostete.
   Bei einer Erhöhung um 6 °C wären die Einwohner New Yorks Temperaturen ausgesetzt, die mit denen im heutigen Bahrain vergleichbar wären.

Bei einer Erhöhung um 7 °C würden weite Teile des Planeten unbewohnbar werden, angefangen bei der Region rund um den Äquator.

»Bei einer Erhöhung um 11–12 °C würde die Hälfte der Weltbevölkerung in ihrer gegenwärtigen Verteilung unmittelbar an Hitze sterben«, fährt Wells fort und stützt sich dabei auf Forschungen von Sherwood und Huber.[12]

Eine zweite Ursache für das mögliche Aussterben: Nahrung.

Generell wird davon ausgegangen, dass jede Temperaturerhöhung um 1 °C die landwirtschaftlichen Erträge um zehn Prozent senken würde. In Anbetracht der Tatsache, dass die Weltbevölkerung, historisch gesehen, in nie zuvor dagewesenem Maße wächst (sie hat sich seit dem Zweiten Weltkrieg schlechterdings verdreifacht), könnten wir theoretisch bis zum Ende des Jahrhunderts 50 Prozent mehr Menschen mit 50 Prozent weniger Erträgen ernähren müssen …* Warum? Weil sich Dürren in neuen Regionen ausbreiten werden (und bereits ausbreiten), wie etwa im Süden Europas und der Vereinigten Staaten, außerdem in Gebieten, die zu den am stärksten bevölkerten Gegenden Australiens, Afrikas und Südamerikas zählen, sowie in bestimmten Regionen Chinas. Weil wir unter Wassermangel leiden werden. Weil die allgemeine Ausbreitung von Monokulturen, deren Ertrag mit Kunstdünger gesteigert wird, die Böden auslaugt und die für die Produktivität der Böden äußerst wichtige Biodiversität drastisch mindert, so wie auch die mit Überschwemmungen verknüpfte Entwaldung die Bodenerosion erhöht. Es wird zu einem Mangel an fruchtbaren Böden kommen, und die vorhandenen werden wir nicht dauerhaft mit Hilfe der Petrochemie verbessern können. Zumindest nicht, wenn wir

---

* Die mittlere Prognose der UN liegt bei 11 Milliarden Menschen im Jahr 2100.

eine weitere Beschleunigung der Erderwärmung vermeiden möchten. Diejenigen Böden in Grönland oder Sibirien wiederum, nach denen einige schon gierig schielen, werden ihre größte Fruchtbarkeit erst nach Jahrzehnten der Bodenbearbeitung erreichen.

Wie Jared Diamond in *Kollaps*[13] oder auch der weltweit bekannte Agrarwissenschaftler und Umweltaktivist Lester Brown in *World on the Edge*[14] betonen, ist der Untergang von Zivilisationen zumeist mit einem Bruch in der Nahrungskette verbunden.

Wir steuern direkt darauf zu.

Als nächstes kommen die Krankheiten. Halten Sie sich fest.

Wie Wells ausführt, sind bestimmte Viren seit Jahrmillionen im Eis der Arktis eingeschlossen. Sogar länger, als es Menschen gibt. Wir wissen daher nicht, wie wir auf sie reagieren könnten. Viren weit jüngeren Ursprungs wie die Spanische Grippe oder die Beulenpest werden in den Böden Sibiriens oder Alaskas vermutet. Doch am meisten Sorge bereiten den Epidemiologen die geographische Ausdehnung, die Mutation und die Verbreitung bestimmter Krankheiten aufgrund der Klimaveränderungen. Die Malaria oder das Dengue-Fieber würden höchstwahrscheinlich bis in die gemäßigten Breiten und damit auch nach Westeuropa gelangen. Schlimmer noch: Mit jedem Grad Temperaturerhöhung vermehrt sich der Parasit, der Krankheiten wie die Malaria überträgt, zehnmal schneller.

Kommen wir nun zur Luft, die wir einatmen.

Wie in vielen Großstädten ist uns in Paris in Anbetracht der wiederholten Warnungen vor Luftverschmutzung schmerzhaft bewusst geworden, dass die Emissionen von Autos, Fabriken und alten Heizungen, zusammen mit dem Dieselfeinstaub, dem Stickstoff der landwirtschaftlichen

Düngemittel und zahlreichen weiteren chemischen Errungenschaften, Smog erzeugen, der unsere Bronchien und Nasennebenhöhlen reizt, unsere Lungen verschmutzt und unseren Organismus verunreinigt, schwächt und sogar tödlich sein kann. Bereits heute ist das die dritthäufigste Todesursache im Land: 48 000 Franzosen sterben jedes Jahr vorzeitig an den Folgen der Luftverschmutzung. Zehnmal mehr als durch Verkehrsunfälle und fast genauso viele wie durch Rauchen. In China und Indien sterben jedes Jahr 1,1 Millionen Menschen[15] aufgrund von Kohlensmog, Abgasen und anderen Schadstoffen an Atemnot. 2013, im Jahr der berüchtigten chinesischen »Airpocalypse«, »war der Smog für ein Drittel der Todesfälle im Land verantwortlich«, ruft wiederum Wells in Erinnerung. Weltweit sterben jedes Jahr 7,3 Millionen Menschen an der Luft, die sie einatmen.[16]

Doch das ist nicht alles. Je mehr sich die Konzentration von Kohlendioxid in der Luft erhöht, desto mehr sinken unsere kognitiven Fähigkeiten, und je mehr die Ozonkonzentration steigt, desto stärker könnte die Zahl der autistischen Kinder in die Höhe schießen (sofern die höhere Konzentration gekoppelt mit anderen Umweltfaktoren auftritt[17]) …

Ganz zu schweigen davon, dass gleichzeitig die Konzentration des Sauerstoffs sinken könnte: 20 Prozent des weltweiten Sauerstoffs stammen heute aus dem Amazonas-Regenwald, der bereits erheblich durch Entwaldung beeinträchtigt ist. Doch ihn könnte ein noch schlimmeres Schicksal ereilen, wenn er durch die Temperaturerhöhung so sehr austrocknet, dass er Bränden zum Opfer fällt, wie dies in den vergangenen Jahren bei zahlreichen Wäldern am Mittelmeer oder in Kalifornien der Fall war. Bei der Verbrennung würden außerdem wahnsinnige Mengen an Kohlenstoff freigesetzt und in die Atmosphäre gelangen. Ebenso besorgniserregend ist, dass auch die Korallen sterben – sie leiden unter der Versauerung der Ozeane und der aggressiven industriellen Fischerei. Das lässt befürchten, dass ein Großteil der marinen Unterwasserwelt und 40 Prozent des Sauerstoffs, die sie für unsere Erde produziert, verlorengehen werden.

Bedauerlicherweise ist absehbar, dass all diese Spannungen Kriege schüren werden; das haben auch die Wissenschaftler des IPCC bekräftigt.[18] Laut Marshall Burke und Solomon Hsiang, Professoren an den Universitäten von Stanford und Berkeley, wird mit jedem halben Grad Temperaturanstieg weltweit unser Risiko, in bewaffnete Auseinandersetzungen zu geraten, um zehn bis 20 Prozent steigen.[19] Der Klimawandel ist nicht an allem schuld, aber er kann, verknüpft mit anderen Faktoren, verheerende Folgen haben, wie das etwa in Syrien der Fall war.* Nun führen diese Kriege, Dürren und Überschwemmungen wiederum zu Massenmigrationen. Schätzungen zufolge liegt die Zahl der Personen, die bislang aufgrund des Klimawandels flüchten mussten, bei 65 Millionen. Und diese Zahl wird weiter ansteigen. Das Hochkommissariat für Flüchtlinge und die Vereinten Nationen rechneten schon vor zehn Jahren mit einer Zahl von 250 Millionen Menschen im Jahr 2050.[20] Stellen Sie sich die Migration, die wir bereits im Zuge des Krieges in Syrien erlebt haben, verdrei-, verfünf- oder verzehnfacht vor. Wie würden Frank-

---

* Vier Jahre vor dem Beginn des Bürgerkriegs waren zwei Millionen Menschen, mehrheitlich Bauern, gezwungen, in Städte zu ziehen, weil sie aufgrund der schlimmsten Dürre, die das Land jemals erlebt hatte, völlig verarmt waren. Eingepfercht in kleinen, heruntergekommenen Behausungen warteten sie auf die Hilfe der Regierung – die niemals eintraf. Die Verzweiflung der Einwohner schürte ein Gefühl der Revolte. Zusammen mit der jahrzehntelangen politischen Instabilität, religiösen Spannungen, Jahren der Diktatur und anderen Revolutionen in den arabischen Nachbarstaaten trug diese Dürre zu dem allseits bekannten Drama bei.

reich, Spanien, Italien, Deutschland oder Griechenland darauf reagieren? Wozu könnte wohl eine Übernahme der Macht durch fremdenfeindliche Parteien führen, die von der Ablehnung dieser Ausländer, die in Massen in unsere privilegierten Länder strömen, profitieren?

Im Übrigen steht angesichts der schwindenden natürlichen Ressourcen zu befürchten, dass die Staaten einen gnadenlosen Kampf um deren Kontrolle führen werden: Wasser, Öl, Ackerböden, Erze … Schon jetzt kauft China Millionen Hektar in Afrika, Australien, Nordamerika oder auch in Asien auf, um dort Landwirtschaft zu betreiben.[21] Momentan lehnen sich die Bevölkerungen dieser Länder nicht dagegen auf, doch wird das auch noch so sein, wenn ihr Überleben auf dem Spiel steht? China besitzt außerdem den Großteil der Vorkommen an seltenen Erden, die für die digitale Revolution und die Energiewende unerlässlich sind. Was werden Länder wie die Vereinigten Staaten und ihre Unternehmen im Silicon Valley tun, wenn diese Ressourcen schwinden und von ihrem Hauptkonkurrenten zu extrem hohen Preisen verkauft werden?

Zusammengenommen lassen einem diese ganzen Fakten den Atem stocken. Umso mehr, als sie miteinander verbunden sind und viele gegensätzliche Maßnahmen erfordern. Um mehr Wohlstand und Arbeitsplätze zu schaffen, die Ungleichheiten zu verringern und das Wachstum anzukurbeln, benötigen wir in großen Mengen Energie. Diese liefert uns heute das Erdöl. Doch um die Erderwärmung zu stoppen, müssen wir die Verwendung von Erdöl stoppen. Das wiederum würde zu einem Zusammenbruch der Wirtschaft führen …

Sehen wir uns einige Beispiele an.

Jeder Hin- und Rückflug zwischen London und New York kostet die Arktis drei Quadratmeter Packeis. Durchschnittlich finden auf dem gesamten Globus 100 000 Flüge pro Tag (37 Millionen Flüge pro Jahr) statt. Es ist unschwer zu erkennen, dass diese Situation unhaltbar ist. Man müsste daher dringend das ständige Reisen unterbinden. Dasselbe gilt für unzählige andere Aktivitäten. Doch was passiert, wenn wir das tun? Das Zentrum jeder Riesenstadt kann sich nur einige Tage lang selbst mit Nahrung versorgen, wenn die Kolonnen der Lastwagen keinen Nachschub mehr liefern. Im Schnitt sind täglich 13 000 Lkw unterwegs.[22] 99 Prozent unseres täglichen Bedarfs werden auf der Straße transportiert.[23] Ein riesiger Teil unserer Waren (darunter Arbeitsgeräte wie Computer, Modems, Server usw.), unserer Lebensmittel (*indirekt*, über Dünger, Traktoren und Maschinenwerkzeuge unterschiedlichster Art) sowie unserer Kraftstoffe für unsere Heizungen und Fortbewegungsmittel hängen vom Erdöl ab. Ein wesentlicher Bereich unserer globalisierten Wirtschaft wird immer noch vollkommen vom schwarzen Gold beherrscht. 2009 machten zahlreiche Analysten, darunter Jeremy Rifkin,[24] den Anstieg des Ölpreises auf mehr als 150 Dollar pro Barrel unmittelbar für die weltweite Wirtschaftskrise verantwortlich. Stellen Sie sich vor, was passieren würde, wenn wir das Öl plötzlich brutal besteuern müssten, um seine Verwendung einzugrenzen, oder wenn wir den Großteil des Erdöls auf unserem Planeten heute ganz ungefördert unter der Erde belassen müssten (was alle Aktivisten und Wissenschaftler, die gegen den Klimawandel kämpfen, empfehlen). Wir sind auf diese Situation absolut nicht vorbereitet.

Doch das gilt auch im Hinblick auf die Kosten der Katastrophen, die wir tragen müssen, wenn wir nichts unternehmen. Sir Nicholas Stern schätzte 2006 die Kosten unseres Nicht-Handelns auf 5500 Milliarden Euro.* Die Kosten

---

* »Wenn wir nicht reagieren, werden die Kosten und globalen Risiken des Klimawandels, jetzt und für immer, einem jährlichen Verlust von

für die Hurrikane Irma und Harvey, die Überschwemmungen in Indien und Brände wie in Portugal und Kalifornien geben uns schon jetzt einen kleinen Vorgeschmack auf diese irrsinnig hohen Summen.

Wir könnten diese lange Liste noch um eine große Anzahl an weiteren schrecklichen Bedrohungen ergänzen. Zum Beispiel die des Massenaussterbens lebender Arten durch den Einsatz der industriellen Landwirtschaft, die Entwaldung (die oft damit einhergeht), die Verstädterung und den Klimawandel. Oder die des Raubbaus an den natürlichen Ressourcen durch eine ungezügelte Warenproduktion. Oder die der allgemeinen Verschmutzung durch Chemie und Plastik, die unsere Gesundheit und die Meeresökosysteme gefährden. Oder wiederum die eines Krieges oder eines Reaktorunfalls …
  Doch wenn Sie genug Mut hatten, um dieses erste Kapitel zu lesen, haben Sie sicherlich verstanden, dass die Situation sehr ernst ist – zweifellos sehr viel ernster, als Sie dachten.

Die nächste Frage, die wir uns stellen könnten, lautet: Bleibt uns noch genügend Zeit, um all diese Probleme zu lösen?
  In Anbetracht der jüngsten Forschungsbeiträge zu diesem Thema besteht begründeter Zweifel daran.
  Zusammen mit zahlreichen Wissenschaftlern und politischen Verantwortlichen erklärte Christiana Figueres, Vize-Präsidentin des weltweiten Konvents der Bürgermeisterin-

mindestens 5 Prozent des weltweiten BIP gleichkommen. Berücksichtigt man ein größeres Spektrum an Risiken und Folgen, könnten sich die Schätzungen der Schäden auf 20 Prozent des BIP und mehr erhöhen. Dagegen lassen sich die Kosten für das Handeln, genauer gesagt für die Reduktion der Treibhausgasemissionen, um die schlimmsten Folgen des Klimawandels zu vermeiden, auf jährlich ungefähr 1 Prozent des weltweiten BIP begrenzen.« (*Stern Review on Economics of Climate Change*)

nen und Bürgermeister für Klima und Energie, im Juni 2017 in der Fachzeitschrift *Nature*,[25] dass nur drei Jahre bleiben würden, um unseren Ausstoß von Treibhausgasen (THG) so drastisch zu reduzieren, dass die globale, verheerende Erwärmung die 2-°C-Marke nicht überschreite.

Am 13. November 2017 haben 15 364 Wissenschaftler aus 184 Ländern gemeinsam ein Manifest unterzeichnet, in dem sie die Regierenden und die Bürger dieser Welt dazu auffordern, aufzuwachen:

> Um allgemeine Not und einen verheerenden Verlust der Biodiversität zu verhindern, muss die Menschheit eine ökologisch nachhaltigere Alternative zu ihrer heutigen Praxis finden [...]. Es wird bald zu spät sein, um unseren zum Scheitern verurteilten Kurs noch zu ändern.[26]

Yves Cochet, der frühere französische Umweltminister und Präsident des Instituts Momentum, in dem Wissenschaftler und Forscher verschiedener Fachgebiete zusammenkommen, ist noch pessimistischer. In einem Gastbeitrag vom 23. August 2017 versuchte er den zeitlichen Ablauf zu skizzieren:[27]

> Obwohl die politische Klugheit zur Vagheit mahnt, und der intellektuelle Trend zur Ungewissheit in Bezug auf die Zukunft geht, bin ich der Auffassung, dass die 33 kommenden Jahre auf der Erde bereits im Großen und Ganzen absehbar sind und dass es die Ehrlichkeit gebietet, einen ungefähren zeitlichen Ablauf zu umreißen. Die Zeit von 2020 bis 2050 wird die größten Umwälzungen mit sich bringen, die die Menschheit in so kurzer Zeit jemals erlebt hat. In nur wenigen Jahren wird es drei aufeinanderfolgende Phasen geben: Das Ende der Welt, so wie wir sie kennen (2020–2030), die Zeit des Überlebens (2030–2040) und den Beginn einer Renaissance (2040–2050).

Jedes Jahr werden viele weitere zeitliche Prognosen ins Spiel gebracht, und man könnte jedes Mal einwenden, dass sich die meisten Vorhersagen in Bezug auf die Zukunft als falsch erwiesen haben. Auch könnte es technologische Umwälzungen geben, die die Lage völlig verändern ... Doch es wäre schlicht vernünftig, stets zu bedenken, dass wir, ganz gleich wie der zeitliche Ablauf aussehen wird, bereits viel zu lange gezögert haben.

Es ist an der Zeit zu handeln.

Jede Handlung zählt, wenn …

Wie soll man auf eine solche Entfesselung von verheerenden Phänomenen reagieren? Das ist eine Frage, die ich mir seit zehn Jahren immer wieder stelle. Wie die meisten derjenigen, die sich dieselben Sorgen machen wie ich, habe ich irgendwann begonnen, mich aktiv zu engagieren. Beispielsweise habe ich Ende 2006 zusammen mit Pierre Rabhi, Isabelle Desplats, Jean Rouveyrol und einigen Freunden die Bewegung Colibris aufgebaut, die ihren Namen einer mittlerweile wohlbekannten indianischen Legende verdankt:

> Eines Tages, so die Legende, gab es einen großen Waldbrand. Alle Tiere blickten verängstigt, entsetzt und machtlos auf die Katastrophe. Nur der kleine Kolibri wurde aktiv und trug mit seinem Schnabel einige Wassertropfen herbei, um sie auf das Feuer zu werfen. Nach einer Weile sprach das von diesem Treiben genervte Gürteltier zu ihm: »Kolibri! Bist du denn verrückt? Mit diesen wenigen Tropfen Wasser wirst du das Feuer doch nicht löschen!« Und der Kolibri antwortete ihm: »Das weiß ich, aber ich leiste meinen Beitrag.«

Der Schriftsteller und Umweltschützer Pierre Rabhi, der diese Legende oft erzählt hat, will damit veranschaulichen, dass wir angesichts einer Katastrophe keineswegs ohnmächtig sind, dass wir alle unsere Verantwortung wahrnehmen und unseren freien Willen bzw. unseren Einfluss in einer gegebenen Situation geltend machen können. Wir können »unseren Beitrag leisten«. Nicht, um die Welt zu retten; nicht, weil wir wissen, dass unsere Handlung den entscheidenden Unterschied machen wird, sondern einfach deshalb, weil unser Gewissen und unsere Werte es uns gebieten.

Olga Wormser, die französische Historikerin und Expertin für die Geschichte der Deportation während des Zweiten Weltkrieges, hat in Bezug auf die Gefangenen in den Konzentrationslagern festgestellt:

> In der schrecklichsten physischen und moralischen Not, in einer Zeit, als der Entzug eines Stücks Brot den Tod bedeuten konnte, als eine Unterhaltung oder eine Versammlung den Weg zum Krematorium bedeuten konnten, als der religiöse Glaube verboten und das Festhalten an politischen Überzeugungen ein Verbrechen waren, haben sich Männer und Frauen gefunden, um Solidarität zu organisieren, um Leben zu retten, um sich dem Todeswillen der SS und ihrer fanatischen Anhänger zu widersetzen; Priester haben die Kommunion gespendet, Gruppen von Menschen haben den Widerstand, die Résistance, organisiert.[1]

In gewisser Weise handelt der Kolibri, weil es für ihn nichts Besseres zu tun gibt. Umso besser, wenn die anderen Tiere sich ihm anschließen, umso besser, wenn der Regen einsetzt; in der Zwischenzeit leistet er »seinen Beitrag«, so, wie jene Männer und Frauen es taten, konfrontiert mit dem Grauen, aber von Lebensdrang erfüllt. Die Idee dieser Legende könnte man auch so interpretieren, dass in jeder unserer Handlungen ein kleines Stück Welt steckt. Und dass diese Welt mehr denn je die Summe all unserer Handlungen, selbst der kleinsten, ist. Unsere Gesellschaften erhalten sich dank dieser Struktur, die kleine Hände jeden Tag weben, indem sie sich für Solidarität und Großzügigkeit statt für Egoismus entscheiden. Sie entscheiden sich dafür, sich zu kümmern, statt zu zerstören, manchmal auch undankbare Aufgaben zu erfüllen und dabei bisweilen in einer Flut von widersprüchlichen Handlungen zu versinken, einfach weil sie es für richtig halten. Man könnte also denken, dass die

Milliarden kleiner Handlungen, mit denen man sich fürs Wegwerfen statt fürs Reparieren entscheidet, für den Gang in den großen Supermarkt statt in ein selbstständiges, unabhängiges Geschäft, für den Kauf bei Amazon statt im Bücherladen um die Ecke, für das Fahren mit dem Auto statt mit dem Rad, für den Kauf billiger Kleidung, die am anderen Ende der Welt unter unschönen Bedingungen produziert wurde, nur damit man sich noch häufiger Kleidung kaufen kann, oder für das Essen von Fleisch zweimal täglich, zusammengenommen schlussendlich auch die Welt zu dem machen, was sie ist. Das ist seit Jahren die Handlungsbasis für die NGOs: Jeder soll dazu ermutigt werden, seine Lebensweise zu verändern. Das war auch mein Ausgangspunkt, als ich mich dazu entschlossen habe, etwas zu tun.

Doch diese Vorstellung ist heute umstritten. Das liegt einerseits schlicht an den Zahlen. Trotz aller Sensibilisierungsmaßnahmen und trotz eines steigenden Problembewusstseins verbrauchen wir immer mehr Erdöl und Ressourcen, stoßen immer mehr CO_2 aus und sind verantwortlich für das Aussterben von immer mehr Arten. Andererseits liegt es an Denkern wie etwa dem slowenischen Philosophen Slavoj Žižek. Ihm zufolge

spricht uns der herrschende Umweltdiskurs so an, als wären wir *a priori* schuldig, verschuldet gegenüber unserer Mutter Natur und unter dem ständigen Druck eines ökologischen Über-Ichs: »Was hast du heute für Mutter Natur getan? Hast du auch wirklich dein Altpapier in den dafür vorgesehenen Recyclingcontainer geworfen? Und die Glasflaschen und die Dosen? Hast du dein Auto genommen, obwohl du auch mit dem Rad oder mit dem öffentlichen Nahverkehr hättest fahren können? Hast du die Klimaanlage angestellt, statt die Fenster zu öffnen?« Die ideologischen Herausforderungen einer solchen Individualisierung liegen auf der Hand: Ganz damit beschäftigt, mein persönliches Gewissen zu prüfen, vergesse ich, mir sehr viel wichtigere Fragen im Hinblick auf unsere gesamte industrielle Zivilisation zu stellen.²

Solche oder ähnliche Gedanken entwickeln auch andere Autoren und Aktivisten wie etwa Will Falk, wenn er von all jenen spricht, denen die Plünderung unseres Planeten bewusst ist und die dementsprechend in einem System der ewigen Schuld gefangen sind, da ihre Lebensweise sie dazu zwingt, zu dieser massiven Zerstörung beizutragen:

> Indem sie ihre Zeit damit verbringen, zu recyceln, Petitionen im Internet zu unterschreiben und auf Fahrgemeinschaften zurückzugreifen, um zur Arbeit zu gelangen, beruhigen sie ihr angeschlagenes Gewissen und flüstern sich selbst zu: *Wenigstens zerstöre ich gerade nicht die Erde.*³

Aus der Sicht von Will Falk sowie vielen Mitgliedern der Bewegung Deep Green Resistance (DGR), der er angehört, haben wir keine Zeit mehr, um in »kleinen Handlungen« zu denken, sondern wir müssen auf das nächsthöhere Level gehen, wie Derrick Jensen in seinem Text *Forget Shorter Showers* (›Vergessen Sie das Kurzduschen‹) betont:

> Würde irgendein vernünftiger Mensch glauben, dass das Containern [das Mitnehmen weggeworfener Lebensmittel aus Abfallcontainern] Hitler aufgehalten oder das Kompostieren die Sklaverei beendet oder zum Acht-Stunden-Tag geführt hätte? Oder dass Holzhacken und Wassertragen das Volk aus den Gefängnissen des Zaren befreit hätte, dass nackt um ein Feuer zu tanzen dabei geholfen hätte, das Gesetz über das Wahlrecht von 1957 ein-

zuführen oder den *Civil Rights Act* von 1964? Also, warum ziehen sich so viele Menschen ausgerechnet jetzt, wo der gesamte Planet auf dem Spiel steht, auf diese rein persönlichen ›Lösungen‹ zurück? Ein Teil des Problems rührt daher, dass wir Opfer einer systematischen Irreführungskampagne geworden sind. Die Konsumkultur und die kapitalistische Denkweise haben uns beigebracht, unsere persönlichen Konsumhandlungen (oder unsere persönlichen Aufklärungsakte) an die Stelle des organisierten politischen Widerstands zu setzen.[4]

Dabei ist dieser angebliche politische Widerstand aus Derrick Jensens Sicht wirkungslos. Und man muss sich nur einige Zahlen vergegenwärtigen, um zu demselben Schluss zu gelangen. Wird Ihnen immer wieder gesagt, dass Sie besser duschen statt baden sollen, um die Wasserressourcen der Erde zu schonen? In Wirklichkeit gehen 92 Prozent des Wasserverbrauchs weltweit auf das Konto der Landwirtschaft (70 Prozent) und der Industrie (22 Prozent).* Trennen, kompostieren und reparieren Sie etwa fleißig, um die Abfälle zu mindern, die die Erde überschwemmen? Schlechte Nachrichten für Sie: Die Abfälle aus den Haushalten machen nur drei Prozent der Gesamtproduktion der Abfälle in den Vereinigten Staaten und 8,3 Prozent in Europa aus.** Gleiches gilt

---

* Die Durchschnittszahlen unterscheiden sich je nach Land deutlich. So werden in Frankreich 48 Prozent für Bewässerung verbraucht, 22 Prozent für die Energieproduktion (im Wesentlichen für die Kühlung der Kernkraftwerke), 6 Prozent für die Industrie und 24 Prozent für den häuslichen Verbrauch. (Vgl. www.cieau.com/le-metier-de-leau/ressource-en-eau-eau-potable-eaux-usees/qui-preleve-et-consomme-leau-en-france/ und www.planetoscope.com/consommation-eau/239-consommation-d-eau-dans-le-monde.html).

** Das sind Durchschnittszahlen, die große Unterschiede verbergen: 1,7 Prozent in Finnland versus 32,3 Prozent in Portugal. Frankreich befindet sich mit 8,8 Prozent auf der Mittelachse ... Alle Zahlen finden

für die Energie, bei der der individuelle Verbrauch ungefähr 25 Prozent des weltweiten Verbrauchs beträgt ...[5]

Das wiederum hat den Aktivisten und Schriftsteller Kirkpatrick Sale, der der DGR nahesteht, zu folgender Aussage veranlasst: »Das ganze individualistische Schuldgefühl des ›Was-du-für-die-Rettung-der-Erde-tun-kannst‹ ist ein Mythos. Wir als Individuen erzeugen diese Krisen nicht, und wir können sie auch nicht lösen.«[6]

Das entmutigt viele neue Umweltschützer, die sicherlich gedacht haben, sie seien mit ihrer Entscheidung, das Rad zu nehmen, ihren Fleischverbrauch zu reduzieren und ihre Glühbirnen auszutauschen, bereits auf dem richtigen Weg. Vielleicht ist also politisches Handeln gefordert, wenn individuelles Handeln an diesem Punkt nicht greift. Das glauben jedenfalls viele Aktivisten, die mit allen Mitteln unsere Regierenden dazu bringen wollen, ökologischere Maßnahmen oder solche, die soziale Rechte stärker berücksichtigen, zu ergreifen. Doch auch diesbezüglich stellt sich die Frage: Bringt das wirklich etwas?

Die politische Lähmung

Seit Jahren wird in nationalen und internationalen Kampagnen, an denen wir uns zum Teil auch selbst beteiligen, Druck auf die Regierungen ausgeübt. Die spektakulärste Kampagne im Umweltbereich war in Frankreich sicherlich der »Ökologische Pakt«, der von der Nicolas-Hulot-Stiftung während der Wahl 2007 angestoßen wurde. 900 000 Men-

sich auf ec.europa.eu/eurostat/statistics-explained/index.php/File: Waste_generation_by_exonomic_activities_and_households,_EU-28,_ 2014_(%25)_YB17-fr.png.

schen unterzeichneten ihn, und er wurde von einem Zusammenschluss aus 70 NGOs namens Alliance pour la planète (›Allianz für den Planeten‹) bekanntgemacht und unterstützt. Im Dezember 2007 ging aus ihm ein Runder Tisch für Umwelt hervor, der mit großem Tamtam durch den damaligen Präsidenten Sarkozy, in Begleitung des damaligen Präsidenten der Europäischen Kommission, Manuel Barroso, und der beiden Friedensnobelpreisträger Al Gore und Wangari Maathai eröffnet wurde. Liest man noch einmal die Erklärung,[7] die der französische Präsident zu diesem Anlass abgab, ist einem ein wenig nach Lachen oder vielleicht auch Weinen zumute. Nicolas Sarkozy rief damals zu »einer ökologischen Revolution« auf, unterstützte das Prinzip einer CO_2-Steuer, unterstrich, dass unser »Wachstumsmodell zum Scheitern verurteilt« sei, und verteidigte das Prinzip der Vorsorge, »die als ein Prinzip der Verantwortung verstanden werden muss«. Seinen Landwirtschaftsminister Michel Barnier wies er zudem an, einen Plan zur Verringerung der Pestizide um 50 Prozent für die folgenden zehn Jahre vorzulegen. Zehn Jahre später hat es keine Revolution und keinen umweltpolitischen »New Deal« gegeben, es ist keine CO_2-Steuer eingeführt worden, dem Wachstumsmodell geht es bestens (jedenfalls besser, seit das Wachstum wieder steigt) und der 2008 verabschiedete berühmte »Plan Écophyto« hat – blockiert durch die Unbeweglichkeit oder sogar Opposition des größten Bauernverbands, zahlreicher Lebensmittelhersteller und aller möglichen Lobbys – nicht die gewünschten Ergebnisse erzielt. Trotz des in gewissem Maße vorhandenen guten Willens, den der Minister zeigte und den einer seiner Nachfolger, Stéphane Le Foll, mit dem Plan Écophyto 2* (im Gegensatz zum Kino gibt es immer einen zweiten

---

* Am 2. Februar 2016 erklärte er in der Sendung *Cash Investigation*: »Ich kämpfe dafür, dass sie reduziert werden«.

Versuch, wenn der erste nicht funktioniert) noch einmal bekräftigt hat, ist die Verwendung von Pestiziden zwischen 2009 und 2016 in Frankreich um 20 Prozent gestiegen.[8]

In Wirklichkeit fehlt den Regierungen allein oft die Macht (oder die Entschlossenheit), um grundlegend etwas zu verändern. Es geht alles zu schnell. Überflutet von Informationen und Medienreaktionen, den ganzen Tag getrieben von verrückten Terminkalendern, die sie von offiziellen Besuchen zu Sitzungen, von feierlichen Eröffnungen weiter zu Handelstouren führen, haben die Mitglieder der Regierung keine Zeit mehr, vorausschauend zu handeln und Dinge mit etwas Abstand zu betrachten. Oft können sie nur noch reagieren und haben manchmal Mühe, ihre Verwaltung zu mobilisieren. Unter dem Diktat der kurzfristigen Interessen und mit dem Willen, die nächsten Wahlen zu gewinnen, beschränken sie sich auf Maßnahmen, die spektakulär sein oder zumindest schnell Wirksamkeit entfalten müssen. Da bleibt wenig Raum für grundlegende Veränderungen und ambitionierte Pläne, die auf zehn oder 20 Jahre ausgelegt sind, wie sie der Kampf gegen den Klimawandel oder das Artensterben erfordern würden. Viele frühere Politiker berichten zudem von der Frustration ihres Amtes und von der enormen Diskrepanz zwischen der Wahrnehmung der Öffentlichkeit, die die Macht in ihren gepolsterten Büros verortet, und ihrer tatsächlichen Machtlosigkeit. Obwohl Barack Obama von einer breiten Volksbewegung in den Vereinigten Staaten und einer großartigen internationalen Ausstrahlung ins Präsidentenamt getragen wurde, gelang es ihm nur, eine einzige große Maßnahme – die Krankenversicherung – durchzusetzen, bevor er die Mehrheit im Senat verlor und in den sechs Folgejahren politisch gelähmt war. Wie François Mitterrand 1983 seiner Ehefrau Danielle lakonisch anvertraut haben soll: »Wir haben zwar die Regierung gewonnen, aber nicht die Macht.«[9] Die politisch Verantwortlichen sind nur noch Verwalter der

Realität, sie sind nicht mehr in der Lage, sie zu gestalten. Die Komplexität ist einfach zu groß geworden. Sie müssen sich ständig anpassen. Einige halten dennoch hartnäckig an dem Versuch fest, Ergebnisse zu erzielen. Andere strecken die Waffen und konzentrieren sich auf das Erreichbare: den Machterhalt. Dazu richten sie ihre Politik an den Meinungsumfragen und ihren Chancen aus. François Hollande ist zweifellos derjenige französische Präsident, der es auf diesem Gebiet mit einem gewissen Zynismus am weitesten getrieben hat. Seit seiner Wahl hatte er argumentiert, dass er sich nur die Wiederwahl sichern könne, wenn er den Trend bei der Arbeitslosigkeit umkehre. Alles andere sei nebensächlich. Genau das versprach er dementsprechend zu tun. Unglücklicherweise ging er die Sache zwei Jahre lang falsch an und erzielte erst, nachdem er das Ruder herumgerissen hatte, Ergebnisse – allerdings ... zu spät. Sein Nachfolger profitiert jetzt von der wirtschaftlichen Erholung. Andere halten sich mit ihrem Posten an der Macht, indem sie Bündnisse mit den einflussreichsten Unternehmen eingehen, die in Wahrheit die Welt gestalten. Das gilt besonders für die Vereinigten Staaten, wo diese Unternehmen die politischen Parteien finanzieren und sehr großen Einfluss auf die Wahlen haben. Selbst nach den Wahlen ist der Einfluss des finanziellen Lobbyings (Zahlungen an Politiker) wie auch des psychologischen (ständiges Beschwatzen) oder auch des Lobbyings über den »Drehtüreffekt«* beträchtlich.

Die Macht liegt nicht mehr in den Händen jener, die vorgeben, sie innezuhaben, und die die gesamte Aufmerksamkeit während der Wahlveranstaltungen auf sich ziehen.

---

* Mit diesem Begriff wird das Kommen und Gehen von Arbeitnehmern großer Unternehmen – Banken, Ölkonzernen und mittlerweile auch Unternehmen aus dem Silicon Valley – bezeichnet, die verantwortungsvolle Posten in der öffentlichen Verwaltung übernehmen und dann in die Privatwirtschaft zurückkehren.

Individuelles oder kollektives Handeln?

Aus meiner Sicht geht diese Debatte, die individuelles und kollektives Handeln einander gegenüberstellt, in die falsche Richtung. Es wird so dargestellt, als müsse man sich für eines von beidem entscheiden, obwohl es doch offensichtlich erscheint, dass wir, im Alltag oder politisch, nicht entweder allein oder zu mehreren handeln sollten, sondern dass es notwendig ist, sowohl das eine ALS AUCH das andere zu tun.

Individuelles Handeln ist keineswegs sinnlos. Jensen sagt am Ende selbst:

> Um es deutlich zu sagen: Ich behaupte nicht, dass wir nicht bescheiden leben sollten. Ich selbst lebe recht bescheiden, ich behaupte allerdings nicht, dass nicht viel zu kaufen (oder nicht viel Auto zu fahren oder keine Kinder zu haben) ein starker politischer oder zutiefst revolutionärer Akt ist. Das ist nicht der Fall. Die persönliche Veränderung lässt sich nicht mit einem gesellschaftlichen Wandel gleichsetzen.[10]

Eine Aussage, die ich abmildern würde. Denn die individuellen Handlungen mögen aus einem bestimmten Blickwinkel, verglichen mit den systematischen Aktivitäten in der Landwirtschaft, der Industrie oder der Gesamtwirtschaft, sicherlich lächerlich erscheinen. Doch man könnte problemlos auch einen anderen Standpunkt einnehmen ... Wenn die großen Unternehmen oder Gesellschaften verschmutzen, verschwenden und zerstören, so tun sie das mit dem Ziel, Konsumgüter oder Dienstleistungen für Individuen zu produzieren. Hören diese Individuen auf, diese Produkte und Dienstleistungen zu kaufen, reduzieren sich diese Aktivitäten zwangsläufig.

Nehmen wir das Beispiel Ernährung. In Frankreich vereinen heute die vier Einkaufszentralen der großen Handelsketten (Carrefour, Système U/Auchan, Leclerc, Casino/Intermarché) 92,2 Prozent des Verkaufswerts der Einkäufe (und 88,5 Prozent der Verkaufsmengen) der »Konsumgüter und Frischwaren im Selbstbedienungsbereich« auf sich.[11] Ähnliches gilt auch auf europäischer Ebene.[12] Das kann man als »Schleifeneffekt« bezeichnen: Auf der einen Seite steht die Mehrheit der Produzenten, auf der anderen die Mehrheit der Verbraucher, und in der Mitte als Knoten der Verschiebebahnhof, der aus diesen vier oder fünf Unternehmen besteht. Diese Stellung verleiht ihnen beträchtliche Macht, um die Preise festzulegen, die Produktionsbedingungen zu beeinflussen und über die Zukunft der Nahrungsmittelproduktion in Frankreich zu bestimmen. Sie fördern in unmittelbarer Weise die industrielle Landwirtschaft, die, wie wir gesehen haben, den Großteil des Wassers verschwendet und wesentlich zu den Treibhausgasemissionen beiträgt. Sie arbeiten eng mit den multinationalen Lebensmittelkonzernen zusammen, die ihrerseits erheblichen Einfluss auf die Abfallproduktion, die landwirtschaftlichen Methoden, die Gütertransporte, die industriellen Produktionsverfahren usw. haben.

Auf den ersten Blick erscheint die wirtschaftliche und strukturelle Macht dieser Unternehmen unerschütterlich. Und ihr Potenzial, Schaden anzurichten, wirkt im Vergleich zu dem von uns armen Teufeln maßlos. Aber wer verleiht diesen Giganten ihre Macht? Wer macht sie jeden Tag ein kleines bisschen reicher? Wer sichert ihnen diese beherrschende Stellung auf dem Nahrungsmittelmarkt, die ihnen erlaubt, einen solchen Einfluss auszuüben? Ihre Kunden. Es sind die Millionen Menschen, die jeden Tag ihre Einkaufswagen in den Abteilungen ihrer riesigen Hallen füllen. Der Komiker und Schauspieler Coluche hat das auf den Punkt gebracht: »Wenn man bedenkt, dass es reichen würde, dass Sie damit aufhören, die Sachen zu kaufen, damit es sich nicht mehr verkauft ...« Natürlich könnte man einwenden, dass auch politische Entscheidungen dazu geführt haben, dass sich Frankreich in den 1960er Jahren (mithilfe von Subventionen, Förderkampagnen etc.) für die allumfassende Supermarkt-Option entschieden hat, so wie es sich auch für die Kernkraft entschieden hat. Dem würde ich zustimmen. Doch wie gesagt: Dieses Modell kann nur dank der Bereitschaft von jedem einzelnen von uns, sich an ihm zu beteiligen, fortbestehen. Wenn eine Mehrheit der Menschen aufhören würde, sich bei den großen Unternehmen, die am meisten verschmutzen, verschwenden und transportieren, mit Nahrungsmitteln oder allen möglichen Produkten zu versorgen, dann würden jene Firmen einen erheblichen Teil ihres Potenzials, Schäden anzurichten, einbüßen.

Das Problem besteht darin, dass man eine Mehrheit der Menschen davon überzeugen muss. Und nun kommt unser Bedarf an gemeinsamen Narrativen bzw. Geschichten und einem gemeinsamen Rahmen, in dem sich diese Handlungen vollziehen, ins Spiel. Werden individuelle Handlungen so eingesetzt – und mit vielen anderen verbunden –, sind sie von grundlegender Bedeutung. Nicht nur, weil sie sich addieren, sondern auch, weil sie die Grundlage für weiterreichende kulturelle Veränderungen darstellen. Ein Beispiel dafür ist der Verbrauch von Bioprodukten, der seit mehreren Jahren in die Höhe schießt und damit einen der wenigen krisenfesten, sich konsolidierenden Marktsektoren darstellt. Die Umsätze mit Bioprodukten haben sich seit 2010 verdoppelt und seit 1999 versiebenfacht. Und dieses Wachstum lässt sich in ganz überwiegendem Maße auf private Einkäufe zurückführen.[13] Daher ist es kein Zufall, wenn viele Marken jetzt auch Bioprodukte anbieten; wenn sich – infolgedessen – die landwirtschaftliche Fläche für Bioanbau seit zehn Jahren verdreifacht hat (auch wenn sie immer noch bei weitem nicht ausreicht); wenn sich in den Landwirtschaftsschulen entsprechende Ausbildungen etabliert haben und wenn verstärkt mit (nicht immer erfolgreichen) Gesetzesvorschlägen versucht wird, den Einsatz von Pestiziden zu begrenzen. Einer von ihnen hatte im Übrigen 2016 Erfolg. Er wurde von Joël Labbé, dem Umweltsenator des Departements Morbihan, eingebracht und profitierte von einer großen Unterstützung durch NGOs und verschiedenste Bürger, die sich über die Plattform »Parlement & Citoyens« [›Parlament und Bürger‹] zu Wort melden konnten. Das Prinzip ist einfach: Parlamentarier können über die Plattform der Öffentlichkeit einen Gesetzesvorschlag unterbreiten und sie um Mithilfe dabei bitten, ihn zu verbessern, zu verändern und schließlich durchzusetzen. Dank der wirksamen Zusammenarbeit der Abgeordneten (besagter Senator wurde unterstützt von anderen Parlamentariern sowie von der damaligen Umweltministerin Ségolène Royal) und Bürger wurde das Gesetz, das den Einsatz von Pestiziden im öffentlichen Raum verbietet, erlassen und trat am 1. Januar 2017 in Kraft.

Diese Veränderungen sind noch verhalten, und um wirklich einen entscheidenden Unterschied zu machen, bedürfte es nicht nur zusätzlich grundlegender Investitionen vonseiten der Unternehmen, sondern sie müssten zu noch umfassenderen Gesetzen führen: Die europäischen Subventionen müssten neu ausgerichtet, der öffentliche Sektor dazu gezwungen werden, alle seine Kantinen mit lokalen und biologisch angebauten Lebensmitteln auszustatten, die Landwirte müsste man dazu verpflichten, schrittweise auf Pestizide zu verzichten und ihre landwirtschaftlichen Methoden zu verändern …

Damit es gelingt, solche Gesetze durch das Parlament zu bringen und ein Gegengewicht zur Macht der verschiedenen Lobbys zu schaffen, müssen sich die Abgeordneten mit den

Bürgern und die Bürger mit den Abgeordneten verbünden. Franklin D. Roosevelt – einer der letzten Regierungschefs einer westlichen Demokratie, der beispiellos mutige Reformen in Angriff nahm – hatte das verstanden, wobei er eine sehr eigenwillige Strategie wählte, wie Naomi Klein in einem ihrer Vorträge berichtet:

> Wenn Roosevelt sich mit sozialen Organisationen oder Gewerkschaften traf und sie soziale Maßnahmen vorschlugen, die in den *New Deal* aufgenommen werden sollten, hörte er ihnen aufmerksam zu und sagte dann: »Geht auf die Straße und zwingt mich dazu.« 1937 gab es 4740 Streiks.[14]

Gleichzeitig gab es soziale Fortschritte wie nie zuvor in den Vereinigten Staaten.

Um grundlegende politische Veränderungen zu bewirken, brauchen die Bürger mutige politische Verantwortliche, die ihrerseits Millionen Bürger zu ihrer Unterstützung benötigen. Hinter jeder schönen Geschichte von politischen Verantwortlichen, die demokratische, ökologische oder soziale Veränderungen eingeleitet haben, steht eine gute Kooperationsstrategie. Aber diese Allianzen aus Abgeordneten und Bürgern fallen nicht vom Himmel. Ich kann mir nicht vorstellen, dass Millionen Menschen auf die Straße gehen werden, um ihre Regierungen dazu zu zwingen, eine Null-Abfall-Politik einzuführen und die Landwirtschaftssubventionen zugunsten des Bioanbaus umzuschichten, wenn sie in ihrem eigenen Alltag kein bisschen von der Thematik betroffen sind. Genauso wenig kann ich mir vorstellen, dass politische Verantwortliche einer neuen Art auftauchen werden, wenn sie nicht von sozialen Bewegungen getragen werden. Beide Strategien – Handeln im Alltag *und* politisches Handeln – sind mittel- und langfristig nicht voneinander zu trennen.

Handeln, aber wie genau?

Gehen wir also davon aus, dass diese abstrakte Debatte unnötig ist und dass, wenn grundlegendes Handeln erforderlich ist, es nur auf allen Ebenen gleichzeitig erfolgen kann, und zwar in Zusammenarbeit zwischen Abgeordneten, Unternehmern und Bürgern. Dann bleibt die Frage, was konkret zu tun ist. Denn auch hier treffen zwei Sichtweisen aufeinander.

Die eine* Seite argumentiert, dass ein allgemeiner Kollaps bereits in Gang und die Zeit, ihn zu stoppen, bereits verstrichen sei. Wir könnten die Auswirkungen nur noch abschwächen. Mit »Kollaps« bezeichnet Yves Cochet einen Prozess, im Zuge dessen die Staaten und ihre Behörden die Grundbedürfnisse der Mehrheit der Bevölkerung – Nahrung, Trinkwasser, Heizung, Elektrizität, Gesundheitsversorgung, Bildung … – nicht mehr sicherstellen können.

Ein Teil dieser Denker und Forscher hält es für nutzlos, seine Zeit und Energie darauf zu verwenden, das System von innen heraus verändern zu wollen (und z. B. politischen Druck auf die Regierungen auszuüben oder zu versuchen, die multinationalen Konzerne zu verändern). Diese Megastrukturen seien geschaffen worden, um im kapitalistischen, konsumorientierten und wachstumsbasierten Gesellschaftsmodell zu funktionieren. Doch die einzige Möglichkeit, die Katastrophe abzufedern, bestehe darin, unseren Energie- und Ressourcenverbrauch drastisch – laut Yves Cochet um das Zehnfache – zu senken, was einen Einbruch des Wachstums und des BIP zur Folge hätte. Gefangen in einer Logik, die sie (also uns) völlig wachstumsabhängig macht, hätten

---

* So sehen das die »Kollapsologen« in Frankreich und das *Institut Momentum*: u. a. Yves Cochet, Pablo Servigne, Raphaël Stevens, der Regisseur Clément Montfort und der Autor Dmitry Orlov.

die Staaten und Unternehmen keine Wahl: Sie müssten weitermachen, auf die Gefahr hin, sich damit ihr eigenes Grab zu schaufeln. Ein Teil der Kollapsologen und radikalen Umweltschützer erwägt daher eine Doppelstrategie: einerseits sich dem System widersetzen, um es daran zu hindern, weiter alles zu zerstören, und andererseits Bedingungen für das Überleben zu schaffen. Für die Anhänger der Bewegung Deep Green Resistance wiederum ist es unumgänglich, die industrielle Gesellschaft zu sabotieren und dann zu »zerschlagen«. Nach Art der Résistance, also der Widerstandskämpfer, die Züge in die Luft jagten und die Infrastruktur der Nazis angriffen, sind sie der Ansicht, dass man jetzt die Raffinerien blockieren sowie den Bau von Flughäfen, Kernkraftwerken, Mega-Gewerbegebieten und anderen Symbolen unserer zügellosen Flucht in immer mehr Verbrauch und Zerstörung verhindern müsse. Sie wollen die Plünderung so weit wie möglich verlangsamen, auch wenn das bedeutet, sich zwischen die Natur und diejenigen zu stellen, die sie weiterhin vernichten wollen. Parallel dazu versuchen sie, die Grundlagen für eine neue Gesellschaft zu schaffen, die resilienter,* autonomer und unendlich viel maßvoller wäre, in der der Großteil der Grundbedürfnisse durch eine lokale und kollektive Produktion befriedigt würde und die von der Hegemonie der multinationalen Konzerne befreit wäre. In dieser Gesellschaft wäre wenig Raum für komplexe Technologien: Übrig blieben im Wesentlichen die Low-Techs. Das haben schon einige Umweltaktivisten, die sogenannten Zadisten, in Notre-Dame-des-Landes umgesetzt und auch die weltweite Bewegung *Standing Rock* hat ein ähnliches Projekt initiiert, um Widerstand gegen die Dakota Access Pipeline zu leisten.

---

* Resilienz ist die Fähigkeit, Erschütterungen zu widerstehen, ohne zusammenzubrechen.

Natürlich ist diese Bewegung nicht völlig homogen, sie weist verschiedene Strömungen auf. Insgesamt ist sie gewaltfrei, selbst wenn einige aus ihrer Mitte eine härtere Konfrontation befürworten. Das wiederum beunruhigt zum Teil die jeweiligen Regierungen. Allerdings nur zum Teil, weil der revolutionäre Ansatz, der die Grundlagen des Gesellschaftsmodells komplett in Frage stellt, nicht ausreichend entwickelt ist, um eine echte ideologische Bedrohung darzustellen. Bei diesen Umweltaktivisten handelt es sich mehrheitlich um Wachstumskritiker, Antikapitalisten, zuweilen auch Anarchisten, die sich für eine Gesellschaft einsetzen, die auf Einfachheit gründet und ohne eine zentralistische Macht auskommt, die danach streben würde, die größte Zahl zu unterwerfen oder alle Reichtümer zu monopolisieren.

Die andere »Schule« der Umweltaktivisten ist der Auffassung, es sei noch Zeit, um die Gesellschaft zu verändern, und sie bemüht sich mit aller Kraft, Bürger, Unternehmer und politisch Verantwortliche so weit wie möglich zu mobilisieren. Wobei es auch dort deutliche Unterschiede gibt zwischen den Anhängern des »grünen Wachstums« und der »nachhaltigen Entwicklung« nach Art der Corporate Social Responsibility einerseits – sie begnügen sich häufig damit, das Bestehende umzubauen: ein bisschen mehr wiederverwerten, den Energieverbrauch senken oder die Herstellungsverfahren verbessern, um die Auswirkungen auf die Umwelt zu begrenzen, ohne den Kern des kapitalistisch-konsumgesellschaftlichen Modells in Frage zu stellen* – sowie einer großen Anzahl von NGOs, Bewegungen, sozialen Unternehmern und Lokalpolitikern andererseits. Letztere begreifen,

---

* Die oft durchaus aufrichtigen Bemühungen der Manager der Corporate Social Responsibility oder der Nachhaltigen Entwicklung enden im Allgemeinen dann, wenn die Maßnahmen nicht mehr rentabel genug erscheinen.

dass die Grundlagen, auf denen die kapitalistische Marktwirtschaft beruht, nicht nachhaltig sind, dass es unerlässlich ist, unseren Energie- und Materialverbrauch drastisch zu senken, den Wohlstand gerechter zu verteilen und neue Modelle zu entwickeln (ich werde später darauf zurückkommen). Dennoch halten sie es für möglich, einen Teil der Errungenschaften der Moderne und der Technik zu bewahren, um sie in den Dienst einer Menschheit zu stellen, die achtsamer mit der Natur und ihren Mitgeschöpfen umgeht. Die Frage, auf die diese Bewegung eine Antwort zu finden versucht, lautet: Wie findet man ein Gleichgewicht zwischen Moderne und Ökologie?

2016 wurde ich von Mitgliedern der Deep Green Resistance hart angegangen. Sie warfen mir vor, ich würde für »falsche Lösungen« werben, weil wir in unserem Film *Tomorrow* erneuerbare Energien angepriesen hatten. Sie hatten Recht. Denn wie viele Umweltschützer neigten wir dazu, diese Energien als »sauber« darzustellen. Doch wenn die Energiequellen erneuerbar sind (Wind, Sonne, Wasser, Biomasse), sind es die Technologien noch lange nicht. Das gilt auch für das Internet, Smartphones, Computer etc. Zwar sind unbestreitbar Fortschritte erzielt worden, aber wir benötigen für die Herstellung entsprechender Geräte immer noch Metalle und Materialien, die wir weiterhin mit wahnsinniger Geschwindigkeit aus der Erde holen – zurück bleiben jeweils verwüstetes Land und ausgebeutete Menschen.[15] Für diese Technologien müssen Dinge und Anlagen produziert werden, die natürliche Räume zerstören oder in sie eingreifen. Überdimensionierte Staudämme können z. B. zu schrecklichen ökologischen Katastrophen führen wie etwa jener, die sich 2015 in Brasilien ereignete,* sie können Völker

---

* Beim Bruch zweier Bergwerksstaudämme wurden Zehntausende Kubikmeter verseuchter Schlammmassen im brasilianischen Bundesstaat

enteignen und Ökosysteme schädigen. Tatsächlich haben fast alle menschlichen Aktivitäten Auswirkungen auf die Biosphäre. Die eigentliche Frage, die die scharfe Kritik der Deep-Green-Resistance-Anhänger aufwirft (und die in der Debatte zwischen radikalen Umweltaktivisten und gemäßigteren Umweltschützern verhandelt wird), lautet: Sollten wir versuchen, die Auswirkungen dieser Aktivitäten so weit wie möglich zu minimieren, oder müssen wir sie ganz beenden? Die erneuerbaren Energien zählen sicherlich bis jetzt zu denjenigen Methoden der Energieerzeugung, die im Vergleich zu den fossilen Brennstoffen und der Kernkraft noch am wenigsten schädlich sind.* Wenn wir aber keine Energie produzieren können, ohne Zerstörung anzurichten, sollten wir dann trotzdem damit weitermachen? Sollten wir weiter mit Elektrizität leben? Und mit Fortbewegungsmitteln, die auf Infrastrukturen wie etwa Straßen oder Schienen angewiesen sind? Sollten wir weiterhin in Städten leben? Nicht alle Anhänger der Deep Green Resistance sind dieser Auffassung. Sie stellen sogar eine noch grundlegendere Frage: Hat der Mensch eine besondere Stellung im Ökosystem der Erde oder sollte er eine Art unter anderen sein, weder mehr noch weniger wichtig? In einem seiner jüngsten Werke, *The Myth of Human Supremacy* (›Der Mythos der menschlichen Überlegenheit‹), plädiert Derrick Jensen, einer der Denker dieser Bewegung, für Letzteres. Der Mensch sei ein Tier unter anderen. Zweifelsohne das invasivste und zerstörerischste der

Minas Gerais freigesetzt. Die Schlammlawine bahnte sich danach ihren Weg zum Ozean und löste in den betroffenen Ökosystemen eine Katastrophe aus, reporterre.net/Lw-Bresil-frappe-par-la-pire-catastrophe-ecologique-de-son-histoire.

* Obwohl diese Aussage durchaus umstritten ist. Man lese *La Guerre des métaux rares – la face cachée de la transition économique et numérique* von Guillaume Pitron, erschienen im Verlag Les Liens qui libérent, 2018 oder *L'Âge des low-tech* von Philippe Bihouix, Seuil 2014.

Erde. Und sobald er anfange, Städte und Straßen zu bauen, beginne er einen Raum zu kolonisieren, der anderen Arten gehöre. Doch die Beherrschung der Elektrizität sowie der fossilen Brennstoffe habe seine Fähigkeit zu zerstören und zu erobern noch einmal vervielfacht. All das müsse daher aufhören, und zwar schnell.

Ist dieses »Zurück-zur-Natur«-Projekt nach Art der Urvölker wünschenswert? Für die Pflanzen und Tiere, die dann wieder mehr Platz hätten, um sich zu entfalten, wäre es das sicherlich. Doch in Bezug auf die Menschen bin ich mir da nicht so sicher. Es dürfte uns schwerfallen, eine Antwort auf diese philosophische Frage zu finden. Schließlich haben wir jahrhundertelang unsere Herrschaft über den Rest der Natur für eine Tatsache gehalten. Und diese Stellung zu hinterfragen würde auch bedeuten, dass wir all das verlieren würden, was uns die Jahrhunderte der Zivilisation und besonders das Industriezeitalter hier im Westen an Komfort beschert haben – und was praktisch von allen als ein unveräußerlicher Gewinn und als Fortschritt betrachtet wird.*

»Ist dieses Projekt realisierbar?« scheint mir allerdings eine näherliegende Frage zu sein. Denn die Zeit läuft gegen uns.

Eine gewisse Anzahl von Anhängern der DGR oder auch der Kollapsologen werden Ihnen sagen: »Ja!«. Der kommende Kollaps wird unser industrielles und kapitalistisches System wegfegen. Er wird uns dazu zwingen, uns neu zu organisieren und ohne unsere Instrumente der Allmacht auszukommen. Auf diese Weise wird sich der Planet erholen. Doch wenn wir diesen Kollaps zulassen, wird das auch den Tod von Hunderten von Millionen, vielleicht sogar von Milliarden Menschen zur Folge haben. Es wird weder die Reichsten

---

* Tatsächlich folgt aus dieser eine weitere, noch wichtigere Frage: Hat der Mensch aufgrund seiner spezifischen Besonderheit eine besondere Rolle innerhalb unseres Ökosystems Erde zu spielen? Und wenn ja, welche?

noch die Hauptverantwortlichen für die Situation treffen. Stattdessen die Schwächsten. Wie kann man behaupten, Mitgefühl für Pflanzen und Tiere zu empfinden, und so etwas akzeptieren? Ich persönlich kann das nicht. Ich bin daher der Meinung, dass wir alles tun müssen, um diesen Kollaps zu verhindern oder, wenn das nicht geht, seine Auswirkungen so weit wie möglich abzumildern.

Wenn Jensen schreibt: »Wir können dem Beispiel jener folgen, die uns daran erinnern, dass die Rolle eines Aktivisten nicht darin besteht, sich mit so viel Integrität wie möglich in den Windungen der Unterdrückungssysteme zu bewegen, sondern vielmehr diesen Systemen entgegenzutreten und sie zu Fall zu bringen,«[16] zeigt er mit dem Finger auf das Kernproblem. Um Systeme zu Fall zu bringen oder sie zu verändern, muss man Millionen von Menschen dazu bringen, zusammenzuarbeiten. Und, wie wir sehen werden, können wir das am besten erreichen, indem wir ein neues Narrativ entwickeln. Ich fürchte jedoch, dass eine Erzählung, die empfiehlt, nach der Zerschlagung der industriellen Gesellschaft zurück in die Wälder zu gehen, die Massen schwerlich begeistern wird. Gleichwohl verhilft uns diese Debatte dazu, die richtige Frage zu stellen.

Meiner Ansicht nach geht es nicht darum, sich zu fragen, »Was sollte ich tun?« oder: »Sollten wir individuell handeln oder mit Hilfe der politischen Mobilisierung der Massen?«. Vielmehr sollten wir überlegen: »In welche globale Perspektive, in welche kollektiven Narrative fügen sich unsere Handlungen, so klein sie auch sein mögen, ein?«

Denn wenn sich unsere alltäglichen Handlungen darauf beschränken, unser Gewissen zu erleichtern, wenn sie in den herrschenden Narrativen verhaftet bleiben, haben unsere Gesellschaften keinerlei Veränderungspotenzial. Schlimmer noch: Unsere Handlungen könnten just die Logik aufrechterhalten, die sie zu bekämpfen vorgeben: Von all dem Geld, das ich mit meiner Stromrechnung gespart habe, werde ich mir eine Reise gönnen. Wenn McDonalds eine nachhaltige Strategie verfolgt, kann ich weiterhin Big Macs oder besser noch McVeggies essen ... Da die großen Handelsketten jetzt Bio anbieten, werde ich meine Einkäufe wieder an einem einzigen Ort erledigen können und nicht mehr bei den lokalen Herstellern oder den unabhängigen Geschäften einkaufen müssen ... Die eigentliche Logik, die unser kollektives Gefüge bestimmt, wird nicht in Frage gestellt. Und dasselbe gilt für die partiellen, nur auf einzelne Bereiche zielenden politischen Maßnahmen, die sich darauf beschränken, die negativen Effekte des Wachstums oder des Konsums abzumildern, ohne sie jedoch in Zweifel zu ziehen.

Wir leben in einer von maschineller und industrieller Logik geprägten Welt, die die Realität in eine Summe von voneinander getrennten, in Wohnsilos aufgeteilten Einzelpersonen aufspaltet. Doch die Realität ist um ein unendliches Maß komplexer als eine Produktionskette. Sie ergibt sich aus einem riesigen Netz aus gegenseitigen Abhängigkeiten. Wir können nicht mehr unabhängig vom Rest der Welt überlegen oder handeln, unsere Antworten müssen komplex und ganzheitlich sein. Uns entmutigt dabei sehr oft die Tatsache, dass unsere Handlungen nur ein Tropfen auf den heißen Stein zu sein scheinen. Wir müssen sie bekanntmachen und in eine globalere Strategie einbetten. Aber wer sich mit dem Aufbau bzw. der Organisation kollektiver Bewegungen auskennt, wird Ihnen bestätigen können: Für eine Strategie braucht man eine Vision.

Eine neue Geschichte schreiben, um den Lauf der Geschichte zu verändern

Ich musste mich sehr viele Jahre in NGOs engagieren, um zu der folgenden simplen Einsicht zu gelangen: »Wenn wir Millionen von Menschen mitnehmen wollen, müssen wir ihnen auch sagen, wohin die Reise geht.« Denn während solche Organisationen unendlich viel Zeit damit verbringen, Probleme anzuprangern, aufzudecken oder vor ihnen zu warnen, wenden sie nur lächerlich wenig Zeit und Energie dafür auf, eine Vision zu entwerfen, wie eine wirklich ökologische Welt aussehen könnte. Dabei sind doch das Imaginäre, die Vorstellungskraft, die Geschichten mit Sicherheit der beste Antrieb, um Menschen zu mobilisieren. Aus Sicht des englischen Umweltaktivisten und Autors George Marshall, der sich intensiv mit den Mechanismen befasst hat, die unser Gehirn dazu verleiten, die Tatsache des Klimawandels zu verdrängen, haben Geschichten »eine grundlegende kognitive Funktion: Mit ihrer Hilfe verleiht das emotionale Gehirn den vom rationalen Gehirn gesammelten Informationen einen Sinn.« Wie er in seinem fesselnden Werk *Don't Even Think About It: Why Our Brains Are Wired to Ignore Climate Change* (›Denk nicht mal dran: Warum unser Gehirn den Klimawandel ausblendet‹) erklärt,

> hat unsere lange Evolutionsgeschichte dazu geführt, dass wir zwei verschiedene Systeme der Informationsverarbeitung entwickelt haben. Das eine ist analytisch, logisch und übersetzt die Realität in abstrakte Symbole, Worte und Zahlen. Das andere wird von Gefühlen (insbesondere von Furcht und Angst), Bildern, Intuitionen und Erfahrungen angetrieben. Die Sprache operiert in beiden Systemen, aber im analytischen System wird sie verwendet, um zu beschreiben und zu definieren; im emotionalen

System, um Sinn zu vermitteln, insbesondere in Form von Geschichten. [...] Mithilfe von Geschichten geben wir Menschen unserer Welt einen Sinn, verinnerlichen Werte, formen unsere Glaubensüberzeugungen und geben unseren Gedanken, Träumen, Hoffnungen und Ängsten eine Gestalt. Geschichten finden sich überall: Mythen, Fabeln, Epen, historische Erzählungen, Tragödien, Komödien, Bilder, Tänze, bunte Kirchenfenster, Filme, Gesellschaftsgeschichten, Märchen, Romane, wissenschaftliche Konzepte, Comics, Gespräche und Zeitschriftenartikel. Schon bevor wir lesen und schreiben lernen, hören wir mehr als dreihundert Geschichten.[1]

Aus der Sicht der Schriftstellerin Nancy Huston, die sich in ihrem Essay *L'Espèce fabulatrice* (›Das geschichtenerzählende Wesen‹) mit dieser grundlegenden Tätigkeit der Menschen beschäftigt,

nehmen nur wir allein unsere Existenz auf der Erde wie einen sinnvollen Entwicklungsweg (mit einer Bedeutung und einem Ziel) wahr. Wie einen Bogen, eine Kurve, die von der Geburt bis zum Tod reicht. Wie eine Linie, die sich in der Zeit fortsetzt, mit einem Anfang, mit Höhepunkten und einem Ende. Mit anderen Worten: *Wie eine Geschichte.* [...] Dieses Narrativ verleiht unserem Leben eine Sinndimension, die andere Tiere nicht kennen. [...] Genau wie die Natur ertragen wir keine Leere. Sind unfähig, etwas zu bemerken, ohne sogleich zu versuchen ›zu verstehen‹, und wir verstehen im Wesentlichen mittels Geschichten, d. h. Fiktionen.[2]

Laut Professor Yuval Noah Harari, dem Autor des Weltbestsellers *Eine kurze Geschichte der Menschheit*, gibt es einen guten Grund dafür, dass der Mensch die anderen Lebewesen beherrscht. Ihm zufolge liegt es nicht an seiner Fähigkeit, Werkzeuge zu erschaffen (die hat *Homo sapiens* immer schon hergestellt, doch jahrtausendelang hat er trotzdem nicht derart die Oberhand über die Ökosysteme gewonnen, dass er ganz allein zu einem geologischen Phänomen wurde, wie das heute der Fall ist). Noch liegt es an seiner besonderen Intelligenz (schon vor Hunderttausenden von Jahren war *Sapiens* – nach unseren Kriterien – das intelligenteste Tier, gleichwohl blieben seine Auswirkungen auf die Biosphäre schwach). Vielmehr gibt seine unglaubliche Kooperationsfähigkeit den Ausschlag, die absolut einmalig im Reich der Lebewesen ist – was auch die Arbeiten von David Sloan Wilson, Eliott Sober, Edward O. Wilson und Martin Nowak erhellen, die die Menschen als ›Superkooperateure‹ betrachten.[3] *Sapiens* hat die Gabe, Zusammenarbeit nicht nur in kleinen Gruppen zu organisieren, sondern – und genau darin liegt seine Besonderheit im Vergleich zu den anderen Arten – auch flexibel in Gruppen von Hunderttausenden von Menschen. Wie? Mittels dessen, was Harari ein Geflecht intersubjektiven Sinns nennt: eine Gesamtheit von Konzepten, die nur in der gemeinsamen Vorstellung existieren. Mit anderen Worten: Geschichten, Glauben, Überzeugungen. Aus seiner Sicht verwendet *Homo sapiens* die Sprache, um völlig neue Realitäten zu erschaffen.[4]

Yuval Harari, George Marshall und Nancy Huston zufolge (und sie sind bei weitem nicht die einzigen, die eine solche Theorie vertreten) ist die Gesamtheit unserer individuellen und kollektiven Konstruktionen eine Abfolge von Geschichten, von Überzeugungen, die sich im Lauf der Jahrhunderte entwickelt und unsere Wahrnehmung von der Welt vollkommen verändert haben. Einem adligen Engländer erschien es im Jahr 1187 vielleicht vollkommen gerechtfertigt, dem Aufruf des Papstes zu folgen und loszuziehen, um Jerusalem zu verteidigen sowie die Sarazenen umzubringen. Heute hingegen wird die gleiche englische Familie der Ansicht sein, dass ihr Sohn, wenn er sich entschließt, im Namen Gottes in den Kampf zu ziehen, sich gefährlich radikalisiert hat. Ein Bauer des 13. Jahrhunderts mag es als Ausdruck der natürlichen Ordnung empfunden haben, dass der König eine von Gott verliehene absolute Macht über ihn ausübte, ohne ihn jemals um seine Meinung zu fragen; doch ein Bauer des 21. Jahrhunderts wird Tonnen von Gülle vor die Präfektur kippen, wenn er der Ansicht ist, dass der Kandidat, den er an die Staatsspitze gewählt hat, seine Wahlversprechen ihm gegenüber nicht eingehalten hat.

Immer schon haben Geschichten und Überzeugungen den Gesellschaften ermöglicht, auf der Grundlage gemeinsamer Narrative zusammenzuwachsen, gleich ob es sich dabei nun um Erzählungen von Gott, Königreichen, der Unterlegenheit von Menschen gegenüber anderen (z. B. von Frauen gegenüber Männern oder Schwarzen gegenüber Weißen), der absoluten Macht von Symbolen (eines der besonders mächtigen Symbole stellt heute das Geld dar) oder von Feinden handelte, gegen die man gemeinsam antreten musste (und einige französische Bauern, die 1914 an die Front zogen, staunten nicht schlecht, als sie feststellten, dass ihnen die deutschen Bauern aufs Haar glichen, dass sie genau so viel Angst hatten und genauso wenig wussten wie sie, warum sie einander eigentlich töten sollten …). Auf diese Weise haben diese »intersubjektiven« Realitäten durch ihre Fähigkeit, eine sehr große Zahl von Menschen zur Zusammenarbeit zu bewegen, zur Entstehung von Staaten, politischen Systemen, Technologien, Wirtschaftssystemen, Währungen, Religionen usw. geführt.

Seit Erfindung der Schrift und des Buchdrucks haben sich diese Geschichten auf außergewöhnliche Weise verbreitet und können nunmehr eine unendliche Anzahl von Personen erreichen. Die Verbreitung der Tora, der Bibel, des Korans –

oder vielmehr ihrer Auslegungen – haben zur Errichtung religiöser, sozialer und politischer Systeme in weiten Teilen der Erde beigetragen, waren aber auch Ursache für zahlreiche blutige Konflikte. Doch die Fiktionen, die ausdrücklich als Werke der Vorstellungskraft geschätzt werden, stehen ihnen als Inspirationsquelle für große Leistungen in nichts nach. Als Jules Verne 1865 in seinem berühmten Buch *Von der Erde zum Mond* den Abschuss eines Kanonengeschosses mit drei Menschen an Bord zum Erdtrabanten ersann (das sein Ziel in 97 Stunden und 20 Minuten erreicht), ahnte er nicht, dass er damit 1901 den Schriftsteller H. G. Wells inspirieren würde. Dessen Roman *Die ersten Menschen auf dem Mond* diente wiederum 1902 als Vorlage für Georges Méliès' Kinofilm *Die Reise zum Mond*, dessen Geschichte wiederum zahlreiche spätere Werke inspirierte, die ihrerseits voneinander schöpften: etwa den Stummfilm *Frau im Mond*,[5] in dem Fritz Lang 1929 die Mondlandung einer Rakete zeigte, was 1936 auf direktem Weg den sowjetischen Film *Kosmische Reise*[6] inspirierte, aber auch den belgischen Comiczeichner Hergé, der 1953 und 1954 die Abenteuer von *Tim und Struppi* veröffentlichte, die mit einer Rakete fliegen, und dann Robert Heinlein und Irving Pichel, Romanautor bzw. Regisseur von *Endstation Mond* ... Ein Jahrhundert, nachdem das Buch von Jules Verne erschien, kann man mit einiger Sicherheit davon ausgehen, dass diese Bücher und Filme John F. Kennedys öffentliche Ankündigung (»Wir haben uns entschieden, zum Mond zu fliegen«) in den Ohren seiner Zeitgenossen besonders aufregend klingen ließen. Die menschliche Phantasie reagierte so lebhaft darauf, dass die Strahlkraft des Projekts zu großen Anstrengungen mobilisierte. Sieben Jahre später kam es zu seiner Verwirklichung im Zuge der ersten Apollo-Mission. Ebenfalls von unzähligen Fiktionen beeinflusst, in denen die Menschen den Weltraum kolonisieren, machte sich 2017 Elon Musk seinerseits daran, den Mars zu erobern.

Und wir könnten diese Liste beliebig fortsetzen. Wie Professor Jean-Gabriel Ganascia, Experte für künstliche Intelligenz, bemerkt, »hat sich Science Fiction viele Jahre lang von der Wissenschaft inspirieren lassen, um ihre Plots zu ersinnen. Heute erleben wir eine gewisse Umkehrung. Jetzt ist es die Wissenschaft, die sich von Science Fiction inspirieren lässt.«[7] Häufig eilt die Vorstellungskraft der Handlung voraus, und die Geschichten, die sich daraus ergeben, formen unsere Wahrnehmungen, unsere Überzeugungen, unsere Kulturen, besonders in einer Epoche, in der die Geschichten über derart leistungsfähige Kanäle verbreitet werden.

Vor einigen Monaten war ich besonders beeindruckt von einer Untersuchung, die das französische Meinungsforschungsinstitut IFOP (Institut français d'opinion publique) bei einer Stichprobe der französischen Bevölkerung zwischen 1945 und 2015 vorgenommen hat.[8] Auf die Frage, »Welche Nation hat Ihrer Meinung nach am stärksten zur Niederlage Deutschlands im Jahr 1945 beigetragen?«, gaben 1945 57 Prozent der Befragten als Antwort die UdSSR und 20 Prozent die USA an. 2004 hatte sich das Verhältnis mit 58 Prozent der Befragten, die die Vereinigten Staaten, gegenüber 20 Prozent, die die Sowjetunion nannten, vollkommen umgekehrt (zwischen 1994 und 2015 blieben diese Zahlen konstant). 2015 führte das britische Marktforschungsinstitut ICM die gleiche Umfrage in Frankreich, Deutschland und Großbritannien durch. 61 Prozent der Franzosen und 52 Prozent der Deutschen nannten die Amerikaner. Und 46 Prozent der Briten die Briten …

Dennoch sprechen die Tatsachen weitgehend dafür, dass die Wahrnehmung der Franzosen im Jahr 1945 richtig war. Zwischen neun und zwölf Millionen russische Soldaten, gegenüber 415 000 US-amerikanischen und 384 000 britischen Soldaten, fanden in dem Krieg den Tod. Die Ostfront mobilisierte den wesentlichen Teil der deutschen Armee und brachte ihr die große Mehrheit ihrer Niederlagen bei, einschließlich denen zwischen 1944 und 1945. Doch zwischen 1945 und 2004 entwickelte sich ein anderes Narrativ, das vornehmlich von US-amerikanischen Filmproduktionen verbreitet wurde, die fast 200 Filme auf den Markt brachten, in denen die Befreiungstat der Armee von Uncle Sam (von wenigen Ausnahmen abgesehen) glorifiziert wurde. Nochmals: die Geschichte, die die Mehrheit der Befragten sich erzählen, ist nicht *die* Geschichte, sondern eine geschickt erzählte Geschichte.

Man kann sagen, dass das Narrativ von der modernen liberalen, kapitalistischen und konsumorientierten Gesellschaft auf ziemlich ähnliche Weise entwickelt und vermittelt wurde. Es stützt sich jedenfalls auf unzählige Filme, Artikel, Bücher und Werbungen, mit deren Hilfe es über das kommunistische Narrativ triumphiert hat. Bevor sie einen politischen Sieg davontrugen, haben die Anhänger der ungezügelten Konsumgesellschaft zunächst eine ideologische und kulturelle Schlacht, eine Schlacht des Imaginären gewonnen. Man musste dieser neuen Welt ein Gesicht geben, sie zutiefst erstrebenswert machen, damit sich die kreativen Geister und die Arbeitskraft von Hunderten von Millionen Menschen des Westens (angetrieben von fossilen Brennstoffen) in den Dienst dieses Projekts stellten und ihm eine Gestalt gaben. In der Hoffnung, dass dieses Unternehmen ihr Leben besser machen würde. Was in vielerlei Hinsicht gelang – auf Kosten von Ländern, die in großem Maßstab geplündert, und auf Kosten anderer Lebewesen, die dafür geopfert wurden.

Heute stören sich viele Umweltaktivisten an den Auswüchsen dieser erdrückenden Erfolgsgeschichte, die aus technologischen Wunderwerken, Ferien an paradiesischen Stränden, Flachbildschirmen, Smartphones, halbnackten Mädchen, Autos, die vor Traumkulissen an Berghängen entlangkurven, oder dem 24-Stunden-Lieferdienst auf Amazon bestehen. Was kann eine NGO-Kampagne gegenüber Millionen gegenteiliger Botschaften ausrichten, die jeden Tag von den Marken, Ketten und den vielfältigen »Influencern« abgesetzt werden und die sozialen Netzwerke überschwemmen? Was wiegt ein Post von Greenpeace International auf Instagram (628 000 Follower), der dazu aufruft, für das Klima aktiv zu werden, gegenüber einem Post von Kim Kardashian (105 Millionen Follower), der dazu aufruft, ihren neuen Glitzer-Lipgloss zu kaufen? Ungefähr 10 000 gegenüber zwei Millionen Likes.

Wie Harari in seinem Werk *Homo Deus* erklärt, ist die Fiktion an sich nichts Schlechtes. Sie ist sogar äußerst wichtig. Hätten wir keine Geschichten, um die herum wir uns zusammenschließen könnten, gäbe es weder Staaten noch Währungen noch Unternehmen noch Zivilisationen. Keine menschliche Gesellschaft könnte in ihrer Komplexität existieren oder funktionieren. Wir brauchen Geschichten, die uns zusammenbringen, die uns ermöglichen zu kooperieren und unserem Zusammenleben in der Gemeinschaft einen Sinn geben. Doch diese Geschichten, diese Fiktionen sind nur Werkzeuge, keine Wahrheiten oder Ziele an sich. Wann immer wir das vergessen, entfesseln wir politische, wirtschaftliche oder religiöse Kriege, um Konzepte zu verteidigen, die in Wirklichkeit nur in unserer Phantasie existieren. Wir plündern die Ressourcen und vernichten Arten im Namen von Geschichten, von Narrativen. Es liegt etwas Tragisches in dieser Vorstellung. Warum sollten wir also nicht einfach beschließen, uns andere Geschichten auszudenken? Weil, wie wir sehen werden, es ganz so einfach auch nicht ist.

Was die aktuelle Fiktion aufrechterhält

Warum reagieren wir nicht? Das ist eine Frage, die ein sechs-
jähriges Kind stellen könnte, wenn es sieht, wie wir uns
gedanklich verrennen. Denn theoretisch stehen uns die
notwendigen Ressourcen zur Verfügung: Wir sind nicht
nur viele, wir verfügen auch über so viel Kreativität und Er-
findungsgeist, dass wir die am Anfang dieses Buches aufgezählten Wunderwerke verwirklichen konnten; die Probleme
sind bekannt und wir kennen eine Vielzahl möglicher Lösungen. Trotzdem tun wir nichts oder nur wenig. So als säßen
wir in einem Zug und würden machtlos zusehen, wie er auf
den Abgrund zurast.

Dafür gibt es zahlreiche, insbesondere psychologische
Gründe, die ich später noch ansprechen werde. Zunächst jedoch möchte ich mich auf den Grund konzentrieren, der mir
einstweilen am wichtigsten erscheint: nämlich unsere Kon-
ditionierung durch das Narrativ, in dem wir leben, und die
Rahmenbedingungen, die unser Leben bestimmen. Das, was
Jean-François Noubel die »unsichtbaren Strukturen« nennt.

Das Narrativ ist wie das Wasser, in dem die Fische schwim-
men, wie die Luft, die wir atmen: wir sehen es nicht mehr,
doch es ist allgegenwärtig, es durchströmt unsere Zellen,
durchtränkt unsere Sicht auf die Welt und genau dadurch
auch unsere Entscheidungen. Wir können nicht außerhalb
unseres Narrativs denken, weil wir es mit der Realität ver-
wechseln. Und deshalb wirkt sich diese Erzählung auf die
Rahmenbedingungen aus, die den Großteil unserer alltäglichen Verhaltensweisen leiten. Dieser Rahmen legt fest, was
wir tun ›müssen‹ oder was wir glauben, tun zu wollen.

Um diese beiden Gedanken zu verstehen, lohnt es sich, einmal näher zu betrachten, womit wir den Großteil unserer
Zeit verbringen.

2017 arbeitet ein Franzose im Schnitt an jedem Tag der Woche fünfeinhalb Stunden,* acht Stunden schaut er auf Bildschirme,** sieben Stunden verbringt er mit Schlafen,*** eine oder zwei Stunden mit Essen, anderthalb Stunden wendet er für Transport und Fortbewegung† sowie den Rest für unterschiedliche Beschäftigungen auf. So deprimierend es auch erscheinen mag, verwenden wir also den Großteil unserer Zeit, in der wir wach sind, sowie unserer Kraft und Kreativität dafür, mit einem Bildschirm zu interagieren oder eine berufliche Tätigkeit auszuüben. Diese Tatsache lässt sich leicht erklären, wenn man eine der wirkmächtigsten Fiktionen unserer Zeit näher betrachtet: die Religion des

---

* Ein Franzose arbeitet im Schnitt 1928 Stunden pro Jahr, was umgerechnet auf den Tag 5,3 Stunden entspräche. Eine Zahl, die wie alle Zahlen und Durchschnittsangaben täuscht, weil sich dahinter große Unterschiede zwischen den Menschen verbergen, von denen einige 52 Stunden pro Woche und andere wiederum nur 32 Stunden arbeiten … (Vgl. Mathilde Damgé, »Les Français travaillent-ils vraiment moins que les autres Européens?«, in: *Le Monde*, 16. Juni 2016.)

** Rund vier Stunden verbringt er vor dem Fernseher und vier Stunden mit digitalen Aktivitäten (Smartphone, Tablet, Computer). Die Zeit, die im Netz und in sozialen Netzwerken mit Spielen oder Surfen verbracht wird, deckt sich sicherlich zum Teil mit der Zeit, die für Verkehrsmittel, Essen, Arbeit etc. aufgewendet wird. Allerdings umfasst diese Zeit von acht Stunden nicht die Zeit, die am Arbeitsplatz vor dem Rechner verbracht wird (www.emarketer.com/Article/Media-Time-Will-Tilt-Digital-France-2017/1014720).

*** Ein Franzose schläft im Schnitt 7 Stunden und 13 Minuten pro Nacht (https://www.futura-sciences.com/sante/actualites/medecine-sommeil-francais-dorment-moins-7-heures-nuit-42827/).

† 50 Minuten sind im Schnitt nötig, um zur Arbeit und zurück zu gelangen, hinzu kommt die Fahrtzeit für die übrigen Aktivitäten: Einkäufe, Schule, Freizeit … (Vgl. »Les Français mettent en moyenne 50 minutes pour l'aller-retour domicile-travail«, in: *Le Monde*, 2. November 2015).

Wachstums. Für uns Menschen aus dem Westen stellt die globalisierte und finanzorientierte Wirtschaft im 21. Jahrhundert die Schlüsselaktivität unserer Gesellschaften dar. Sie sichert die Produktion unseres Wohlstands, die Befriedigung unserer Bedürfnisse, die Verbesserung unseres Komforts und, seit mehr als 70 Jahren, auch einen relativen Frieden (zumindest in Europa). Doch für seinen Fortbestand ist dieses Wirtschaftsmodell auf ein ständiges und grenzenloses Wachstum angewiesen.* Genau das ungeheure Wachstum, das von uns verlangt, pausenlos zu produzieren und zu konsumieren, und das, wenn es sich auf die Förderung von Rohstoffen und andere materielle Aktivitäten konzentriert, immer mehr natürliche Ressourcen zerstört sowie immer größere Müllberge produziert.

Erste Rahmenbedingung: Geld verdienen

Um dieses Wachstum zu sichern, müssen die Bürger der westlichen Welt des 21. Jahrhunderts unbedingt für einen florierenden Handel sorgen. Ähnlich wie die Bürger Anfang des 20. Jahrhunderts die Industrie (die mittlerweile größtenteils nach Asien verlagert wurde) ankurbeln mussten. Genau darauf bereitet uns unsere Bildung – im weitesten Sinne des Wortes – von Kindesbeinen an vor. Wie der amerikanische Ökonom Jeremy Rifkin schreibt:

---

* Dafür gibt es mehrere Gründe, insbesondere den Mechanismus der Geldschöpfung durch Kreditvergabe. Vgl. dazu das Interview mit Bernard Lietaer in meinem vorangegangenen Werk *Demain, un nouveau monde en marche*, Actes Sud 2015. Siehe ebenfalls die prägnante Erläuterung von Yuval Harari in seinem Werk *Homo Deus* oder den großen Klassiker von Dennis und Donella H. Meadows, *Die Grenzen des Wachstums*, Stuttgart 1972.

Nirgendwo kamen die neuen Rationalisierungsprinzipien besser an als im öffentlichen Schulsystem, zuerst in Amerika und Europa, später dann auf der ganzen Welt. Die Produktion produktiver Arbeiter wurde zur zentralen Aufgabe modernen Schulunterrichts.[1]

Seit den 1970er Jahren, nachdem besagte industrielle Revolution den Westen transformiert hatte, hat sich das Schulwesen genauso wie die Gesellschaft verändert. Seither versuchen die Schulen mit allen Mitteln, neben der Wissensvermittlung die Schüler darauf vorzubereiten, sich in eine liberale, globalisierte, wettbewerbsorientierte Konsumgesellschaft einzufügen, die besessen ist von Wachstum, Profit und Geld. Denn um in der gegenwärtigen westlichen Gesellschaft zu funktionieren, müssen wir über genügend Geld verfügen – eine weitere allgegenwärtige Fiktion unserer Zeit. Geld ermöglicht uns den Zugang zu allen Gütern und Dienstleistungen, die wir zum Überleben und für unser Wohlergehen brauchen. Entweder wir erben das Geld, oder, was für eine erdrückende Mehrheit gilt: Wir müssen es uns mit einem Einkommen verdienen, das wir im Tausch für unsere Arbeitskraft, unsere Kreativität und unsere grauen Zellen bekommen. Von Kindesbeinen an verinnerlichen wir also diese Gleichung (die sich trotz abnehmender Tendenz hartnäckig hält): Wenn ich gute Noten habe, kann ich darauf hoffen, einen guten Abschluss zu ergattern und einen Arbeitsplatz zu finden, von dessen Gehalt ich Miete, Lebensmittel, Heizung, Elektrizität etc. zahlen kann. Dieses Einkommen wird mir nicht nur Sicherheit geben, sondern mich auch zu einem Konsumenten machen. Es wird mir unzählige Dinge wie etwa Kleidung, Güter oder Dienstleistungen verschaffen, die meinen sozialen Status prägen. Und es wird meine Zugehörigkeit zur Gemeinschaft sicherstellen.

In unserer modernen, nicht sehr autonomen Gesellschaft, in der all unsere Bedürfnisse mehr oder minder durch Einkaufen befriedigt werden – im Gegensatz zu anderen traditionellen Gesellschaften, in denen die Herstellung von Nahrungsmitteln, Kleidung oder Bauten durch die Bündelung der lokalen Kenntnisse und Fertigkeiten sichergestellt wird –, sind wir sehr stark vom Geld abhängig. Wenn ich heute Schülerinnen oder Schüler treffe und sie bei Veranstaltungen in ihrer Schule frage, was sie »später einmal machen« wollen, antworten sie mir, ohne eine Sekunde zu zögern: »Geld verdienen«.

Wie man sich dieses Einkommen verschafft, kann heute angeblich jeder und jede frei entscheiden. Angeblich, denn ich würde sagen, dass es in einer Klasse von 30 Schülerinnen und Schülern nur ein kleiner Teil schaffen wird, den Zwang zur Arbeit mit einem echten, sie persönlich bereichernden Ideal zu verbinden. Jene Schülerinnen und Schüler werden einmal einen Beruf ergreifen, den sie lieben, ohne die Geldfrage an die oberste Stelle zu setzen. Doch die Mehrheit wird sich damit abfinden: Jobs sind rar gesät, aber ohne sie geht es nicht (unser Leben hängt davon ab), also sollte man schnell einen finden, der möglichst gut bezahlt ist, und im Zweifelsfall auf die eigenen Wünsche und Träume pfeifen. Manche von ihnen wiederum werden einen Weg finden, sich anzupassen und einige ihrer Stärken in ihren Beruf einzubringen, sich mehr schlecht als recht »eine Karriere« aufbauen und bestenfalls die Balance zwischen dieser unvermeidlichen Tätigkeit und dem Rest ihrer Existenz halten. Es wird ihnen sogar gelingen, ihre Wahl bzw. Entscheidung rational zu begründen und sich davon zu überzeugen, dass sie ihren Beruf »lieben«. Andere (oft bedürftigere Menschen aus finanzschwachen Familien, die daher weniger Zugang zu Kultur, Reisen, Treffen und verschiedenen Berufen haben) werden Arbeit ausschließlich als »Schuften« oder »Malochen« verstehen. Die Arbeit wird eine Art Gefängnis für sie bleiben, ein unvermeidliches Übel, um den wertvollen – aber oft ziemlich mageren – Lohn am Ende des Monats zu kassieren. Um diese frustrierende und entwürdigende Situation – den gezwungenen Ausverkauf ihrer Wünsche, ihrer Intelligenz und ihrer Zeit im Austausch für ein Gehalt – wettzumachen, werden sie alle so gut wie möglich die Vergnügungen bzw. Unterhaltungsangebote auskosten, die die Konsumgesellschaft für sie bereithält: kaufen, spielen, sich amüsieren, auf Bildschirme gucken, reisen … Was sie dabei nicht unbedingt durchschauen, ist, dass sie sich damit voll und ganz in den Dienst des globalen Wirtschaftssystems gestellt haben: Mit ihrer Arbeit und ihrem Konsum halten sie die Wachstums- und Gewinnmaschinerie in Gang. Von der aber nur eine sehr kleine Anzahl von Personen richtig profitiert.[*]

Ein letzter, kleinster Teil unserer Gruppe wird versuchen, sich aufzulehnen und das System, das uns unterdrückt, zu plündern: Dealer, Diebe, Einbrecher, Hacker … Doch ihr Ziel wird dabei bleiben, sich möglichst viel Geld zu verschaffen, mit welchen Mitteln auch immer, um wiederum an der Konsumgesellschaft teilzunehmen. Die Erträge aus dem illegalen Cannabis- oder Kokainhandel werden meist verwendet, um

[*] 2013 besaßen weniger als 10 Prozent der weltweiten Bevölkerung 83 Prozent des weltweiten Vermögens (www.inegalites.fr/spip.php?article1393). 2017 – trauriger Rekord – besaßen acht Personen genauso viel Geld und Reichtümer wie 3,6 Milliarden andere (https://www.oxfam.org/fr/salle-de-presse/communiques/2017-01-16/huit-hommes-possedent-autant-que-la-moitie-de-la-population). In Frankreich vereinen 20 Prozent der Reichsten 43 Prozent der Erträge auf sich, während die 50 Prozent der Ärmsten nur knapp 8 Prozent des Vermögens besitzen. Eine symbolträchtige Zahl: Die Chefin von L'Oréal, Liliane Bettencourt, besaß Anfang 2017 – sie ist mittlerweile verstorben – mehr als 31,2 Milliarden Euro, was 1,77 Millionen Jahren Mindestlohn (SMIC) entspricht (Anne-Aël Durand, »Dix graphiques qui illustrent les inégalités en France«, in: Le Monde, 30. Mai 2017).

Autos, Motorroller, iPhones oder Flachbildschirme zu kaufen. Wie ein früherer Leiter einer Kaufhauskette erzählt, werden »in bestimmten unabhängigen Einzelhandelsketten in den Vorstädten Zweidrittel der hochwertigen Produkte bar bezahlt. Und genau da werden auch die höchsten Umsätze gemacht.«[2] Die Marktwirtschaft kann sich. also entspannt zurücklehnen ...

Ist dieses Einkommen erst einmal gesichert, muss es, wie wir gerade gesehen haben, ausgegeben werden. Vielleicht sogar mehrfach ausgegeben werden. Denn das Wachstum darf sich keinesfalls verlangsamen. Und die Hersteller von Glühbirnen, Strümpfen oder Kühlschränken haben schnell begriffen, dass der Verkauf von haltbaren Produkten, die sich der Kunde erst nach vielen Jahren noch einmal kaufen wird, zu einer Sättigung des Marktes führt. Sobald die meisten Verbraucher ausgestattet sind, stagnieren und sinken die Verkäufe. Daher muss man neue Märkte erschließen – oder diejenigen erneuern, in die man bereits investiert hat. So haben sich Strategien der geplanten Obsoleszenz (d. h. der Kurzlebigkeit) entwickelt: Dabei werden Produkte absichtlich so hergestellt, dass ihre Lebensdauer zeitlich beschränkt ist. Hinzu kommen Strategien der psychologischen Obsoleszenz. Sie sorgen dafür, dass ein Produkt rasch veraltet wirkt, damit wir Lust darauf bekommen, ein Nachfolgemodell zu kaufen. Beide Strategien wurden erfunden, um den Konsum überall auf der Erde am Laufen zu halten. Angeregt durch Werbung, Mode und unsere unersättliche Lust auf Neues kaufen wir, kaufen und kaufen, und zwar viel mehr als nur das, was wir eigentlich benötigen würden, um ein zufriedenes Leben zu führen.

Sie haben bereits einen Fernseher? Hier ist ein größerer, flacherer, dessen Bildschirm auch noch die kleinsten Feinheiten von hochauflösenden Filmen, die Sie sich vielleicht niemals kaufen werden, wiedergeben kann. Er ist mit dem

Internet verbunden, um Ihnen Zugang zu einer Vielzahl von Programmen zu ermöglichen, von denen eines aufregender ist als das andere und die Sie zweifelsohne niemals alle werden schauen können. Zusätzlich können Sie ihn mit einem sündhaft teuren »Heimkino«-Audiosystem aufrüsten, das Ihnen die Illusion vermittelt, in einem dunklen Kinosaal zu sitzen – ohne Sitznachbarn, dafür aber im Schlafanzug … Geben Sie doch Ihr altes Auto auf (das sowieso in drei oder vier Jahren die Hälfte seines Wertes verloren hat), die alte Jeans, den alten Backofen. Werfen Sie Ihre CDs weg und kaufen Sie dieses All-in-one-System, ganz ohne Kabel, mit phänomenalem Ton in den winzigen Lautsprechern und, wenn Sie schon mal dabei sind, kaufen Sie sich gleich noch diesen Plattenspieler, total stylisch, mit dem Sie das charmante Knacken der Originalaufnahmen wiederentdecken können. Sie haben Ihre alten Platten schon weggeworfen? Daran soll es nicht scheitern, sie sind wieder neu aufgelegt worden, teurer und schwerer, und für denselben Preis können Sie die Stücke von einem Server herunterladen, der jeden Tag mehr Energie verbraucht als Ihr gesamtes Zuhause.

Kurzum: Um dieses Wahnsinnstempo aufrechtzuerhalten, ist es vielleicht notwendig, dass Sie mehr arbeiten, sich verschulden, weniger Zeit mit den Menschen verbringen, die Sie lieben. Doch das ist nicht schlimm. Samstags werden Sie zufrieden in den Einkaufsstraßen flanieren können, oder, noch besser, in den Shopping-Centern in Ihrer Nähe, und Sie werden vollbepackt zurückkehren, den Kofferraum beladen und das Portemonnaie dafür erleichtert, ausgestattet mit Schnickschnack, Möbeln oder Klamotten. Bevor der Teufelskreis von Neuem beginnt. Doch das sind nur kleine Fische, denn die größte Herausforderung, die auf Sie wartet, ist sicherlich, eine Bleibe fürs Leben zu finden. Denn man hat es Ihnen lang und breit erklärt: Es ist unvernünftig, jeden Monat das Geld für die Miete zum Fenster hinauszuwerfen. So verhält sich kein guter Vermögensverwalter. Sie müssen sich daher ein eigenes Haus oder eine Wohnung kaufen. Und sich dafür für die nächsten 15, 20 oder 25 Jahre verschulden. In der Zeit werden Sie keine andere Wahl haben, als weiterzuarbeiten, selbst wenn Ihnen Ihr Job nicht gefällt. Denn Sie müssen ja das Haus abbezahlen. Natürlich könnten Sie es verkaufen und wieder bei null anfangen. Doch die Erfahrung zeigt, dass es meistens nicht so kommt. Der Kredit verpflichtet und fesselt uns weit häufiger, als dass er uns befreit.

Wie gesagt, ich skizziere die Situation nur in groben Zügen. Doch eines steht fest: Wenn sie das Geld nicht zum Leben bräuchten und keine zwei Jahrzehnte lang einen Kredit am Hals hätten, würden wenige Leute noch denselben Beruf ausüben wie heute.* Ein Teil würde schlichtweg nicht arbeiten gehen. Oder jedenfalls nicht im engeren Sinne des Wortes.

---

* Unterschiedliche Untersuchungen haben versucht, diese Frage zu ergründen. In einer Umfrage des GfK-Instituts von 2013 erklärten 42,7 Prozent der befragten Franzosen, dass sie ihre Arbeit mögen, »aber mehr auch nicht« (www.bfmtv.com/societe/moins-moitie-francais-aiment-travail-648324.html). In einer anderen Studie namens *Parlons travail* (›Reden wir über die Arbeit‹) von CFDT aus dem Jahr 2016, die größer erscheint, doch die einige Verzerrungen aufweist, da die Grundgesamtheit aus freiwilligen Befragten besteht, wurden 200 000 Personen befragt (die Autoren der Studie räumen im Übrigen ein, dass diese gewichtete Stichprobe nicht als »repräsentativ für die Gruppe der Berufstätigen in Frankreich betrachtet werden kann. Wir können lediglich versichern, dass sie hinsichtlich der grundlegenden soziodemographischen Merkmale eine geeignete Struktur aufweist.«) Von den befragten Personen erklärten 77 Prozent, dass sie ihre Arbeit mögen, aber nur 39 Prozent würden weiter arbeiten gehen (ohne dass man weiß, ob sie die gleiche Arbeit ausüben würden), wenn sie im Lotto gewinnen würden; 25 Prozent üben heute den Beruf aus, von dem sie träumten, bevor sie angefangen haben zu arbeiten; 84 Prozent erklären, dass sie »vor allem« arbeiten gehen, »um den eigenen Lebensunterhalt zu bestreiten« (analyse.parlonstravail.fr/).

Trotz allem verwendet ein Mensch in der heutigen westlichen Welt nicht die meiste Zeit aufs Arbeiten. Wie bereits erwähnt, verbringt jeder Franzose mittlerweile im Schnitt acht Stunden täglich vor dem Bildschirm (vier Stunden vor dem Fernseher und vier Stunden im Internet, alle Gerätetypen zusammengenommen – und zwar außerhalb der Arbeitszeit). Ein Amerikaner sogar zehn. Diese Gewohnheit, die sich in den vergangenen Jahrzehnten im Wesentlichen auf das Fernsehen bezog, hat sich mittlerweile in endlose Möglichkeiten ausdifferenziert, die uns online und offline, beim Schauen von Filmen und Videos, beim Zocken, beim Lesen von Artikeln, beim Austausch in sozialen Netzwerken, beim Chatten oder beim Konsum von Pornographie auf einer Vielzahl von Geräten zur Verfügung stehen, die wir überall mit hinnehmen und auf die wir jederzeit zugreifen können. Und wir gewöhnen uns schon im frühesten Kindesalter daran. In einem Ausmaß, dass Ärzte mittlerweile davor warnen, Kinder zu früh einer virtuellen Realität auszusetzen: Es drohen die Beeinträchtigung ihrer gesunden sensorischen und psychomotorischen Entwicklung, Verhaltensveränderungen und schwere Aufmerksamkeitsdefizite.[3] Doch der Trend ist längst da, und laut der Website planetoscope. com verbringt ein 13-jähriger Junge – im Schnitt – 6,71 Stunden täglich vor dem Bildschirm, was mehr als 102 von 365 Tagen entspricht. Oder fast 28 Prozent seiner Lebenszeit.

Dass die Zeit, die wir vor einer dünnen Schicht aus von hinten beleuchtetem Glas verbringen, so rasant zunimmt, ist kein Zufall. Zunächst einmal ist das Universum, das uns diese Bildschirme eröffnet haben, ja auch wirklich atemberaubend: die Möglichkeit, in Echtzeit mit Menschen am anderen Ende der Welt zu kommunizieren, gemeinsam an etwas zu arbeiten, Zugang zu haben zu einer Wahnsinnsfülle an Informationen über jedes mögliche Thema, das uns gerade in den Sinn kommt, sich auf die Reisen von anderen mitnehmen zu lassen, neue Kulturen kennenzulernen, dank sozialer Netzwerke zu sehen und zu wissen, was unsere Freunde machen (oder uns zeigen), Massen für einen guten Zweck zu mobilisieren, aber auch unser ständiges Bedürfnis nach Verlockungen und Reizen, nach Unterhaltung und der Überwindung von Langeweile zu befriedigen ... Die Stärken unserer digitalen Errungenschaften sind an sich nicht zu leugnen. Sie reagieren auf unseren unstillbaren Hunger und sind mittlerweile – in Gestalt von Netflix, Apple Store, diversen Streaming- oder Video-on-demand-Plattformen, Hunderten von Fernsehkanälen, YouTube, Spielekonsolen, sozialen Netzwerken usw. – das bevorzugte Vehikel für all unsere Geschichten. Tausende von Filmen, Serien und Videospielen machen sie uns jederzeit und an jedem Ort verfügbar. Instagram und Facebook fordern uns im Übrigen dazu auf, unsere »Stories« weiterzuerzählen und zu teilen ...

Doch in einer kapitalistischen, konsumorientierten Gesellschaft, die ohne Wirtschaftswachstum nicht auskommt, haben auch diesen Raum zwangsläufig die großen Unternehmen übernommen, die alles daransetzen, unsere Neugier auf kommerzielle Ziele zu lenken. So wird unsere Aufmerksamkeit mittlerweile als eine grundlegende Ressource betrachtet, die es zu binden gilt, um den Profit zu steigern. Brillante Ingenieure des Silicon Valley arbeiten daran, auf der Grundlage der Forschung zu den Mechanismen unseres Gehirns neue Anwendungen zu entwickeln, die unsere Neugier verstärken, unser Nervensystem anregen und die hormonellen Mechanismen der Belohnung bzw. der Freude aktivieren. Der frühere Google-Mitarbeiter Tristan Harris nennt das »die Ökonomie der Aufmerksamkeit«. Die Herausforderung besteht darin, sie zu fesseln und nicht wieder loszulassen. Jeden Augenblick kann eine Benachrichtigung (eine SMS, eine E-Mail, ein Re-Tweet, ein Like, ein Snap) auf unserem Smartphone, in der Ecke unseres Computerbildschirms oder unseres Tablets auftauchen, ein kleiner Klingelton kann ertönen, die Ausschüttung von Dopamin auslösen und den unwiderstehlichen Drang in uns erzeugen, erneut in diesen Ozean an Inhalten, Interaktionen und Ablenkungen einzutauchen. Schleichend gewöhnen wir uns daran, uns ablenken zu lassen. So sehr, dass wir uns schließlich selbst alle dreieinhalb Minuten unterbrechen, um eine kurze Runde auf unseren digitalen Geräten einzuschieben. Eine kurze Runde, die sich im Schnitt in eine Pause von 20 Minuten verwandelt.[4] Doch jedes Mal, wenn wir uns ablenken lassen, benötigen wir im Schnitt 23 Minuten, um uns erneut konzentrieren zu können. In weniger als zehn Jahren ist die durchschnittliche Konzentrationsdauer von zwölf auf acht Sekunden gesunken. Wie eine vom *Guardian* zitierte Studie belegt, sind wir mittlerweile so konditioniert, dass die Anwesenheit eines Smartphones selbst im ausgeschalteten Zustand die Konzentration seines Besitzers bereits beeinträchtigt.[5]

Warum ist diese Anziehungskraft so stark? Aus Tristan Harris'[6] Sicht orientieren sich die Mechanismen des Smartphones an denen von Glücksspielautomaten. »Mein Handy ist ein Glücksspielautomat. Jedes Mal, wenn ich meine Emails checke [...], jedes Mal, wenn ich einen Newsfeed überfliege, bediene ich den Glücksspielautomaten, um zu sehen, was ich als Nächstes bekomme.« Der Mechanismus ist so stark, dass er selbst zugibt: »Ich bin ein Entwickler und weiß genau, was da psychologisch abläuft. Ich weiß genau, was da passiert. Aber ich habe keine Wahl. Ich werde da trotzdem einfach hineingezogen.« Und er ist damit nicht allein. In den Vereinigten Staaten bringen die Glücksspielautomaten ihm zufolge mehr Geld ein als Freizeitparks, Filme und Baseball zusammengenommen.

Doch es geht nicht nur darum, zu sehen, ob wir gewonnen haben. Große Mengen an Likes für unsere Posts zu bekommen, schmeichelt unserem Bedürfnis nach Anerkennung und kostet uns nicht viel. Es reicht, die Verbindung wieder aufzubauen und noch einmal zu spielen. Das Zitat zu suchen, das Bild oder den Witz, der voll ins Schwarze trifft. Und falls das nicht klappt, dann spielen wir eben noch einmal. Oder wir teilen unsere Empörung, unsere pochierten Eier à la Florentine in diesem tollen kleinen Frühstückscafé, unser Kätzchen oder den Sonnenuntergang an diesem Traumstrand oder dieses Video mit einem Hund, der einen Mann in Not rettet. Und dann spielen wir noch einmal. Wir streben die größtmögliche Zustimmung an, die Aufwertung dieser digitalen Identität – einer neuen Fiktion –, die wir erschaffen haben und die wir vor aller Augen zur Schau stellen. Für die Jüngsten, die stärker an Snapchat als an Facebook hängen, ist das soziale Netzwerk zum Ort ihrer Diskussionen, ihres zweiten Lebens in der Gemeinschaft geworden. Wer dort nicht anzutreffen ist, riskiert Ausgrenzung und Leid. Wie oft habe ich Kinder erlebt, die ihre Eltern anflehen, dass sie ihnen ein Smartphone schenken sollen – Eltern, die sich anfangs dagegen sträuben, einem zehnjährigen Kind ein Telefon anzuvertrauen –, damit sie endlich an den unendlichen Chats, den Witzen, den digitalen Ereignissen teilhaben können, die direkt nach Unterrichtsschluss beginnen. Die Anwendungen machen dermaßen süchtig, dass Justin Rosenstein, der Gestalter des Like-Buttons auf Facebook und eines Messenger-Dienstes von Google, sie mit Heroin vergleicht. Viele Kinder, die für eine Weile offline gehen müssen – zum Beispiel, wenn sie ins Ausland verreisen – bitten ihre Freunde, für sie in dieser Zeit weiter zu posten, damit sie bei Snapchat nicht ihre Flammen, die Auszeichnungen ihrer digitalen Freundschaft, verlieren. Die gleiche Bestrafung droht bei Instagram. Die Töchter einer Freundin erklärten mir, dass sie, wenn sie nach Frankreich fahren (sie leben in England), ihre Freunde bitten, für sie weiter zu posten, um ihre »Stories« am Leben zu erhalten.

All das wäre nicht so schlimm, wenn diese ständige Beschäftigung mit dem eigenen Mobiltelefon nicht dazu führen würde, dass man den Anschluss an die wirkliche Welt verliert. Denn wie Tristan Harris in einem Interview mit dem *Obs* erklärt, »besteht das Problem darin, dass unser Telefon eine neue Wahlmöglichkeit ins Menü bringt, die scheinbar immer besser und befriedigender ist als die Realität.«[7] Die Schlange im Supermarkt? Eine Stunde Wartezeit am Flughafen? Ein Gespräch am Tisch, das langweilig wird? Und wenn wir nun ein bisschen in unser Smartphone schauen würden, das mit allen möglichen Geschichten gefüllt ist, um zu sehen, was da gerade so passiert? »Das Handy tritt mit der Realität in Konkurrenz und gewinnt. Es ist eine Art Droge. So ein bisschen wie die Fernsehbildschirme, aber immer verfügbar und stärker.« Auf lange Sicht, erklärt Harris,

haben wir immer weniger Geduld mit der Realität, besonders, wenn sie langweilig oder unbequem ist. Und da die Realität nicht immer unseren Wünschen entspricht, kehren wir zurück zu unseren Displays, es ist ein Teufelskreis … Doch die virtuelle Realität, in die wir abtauchen, läuft Gefahr, überzeugender zu werden als die physische Realität. Und wer wird schon gern in der realen Welt bleiben, wenn man ihm anbietet, mit der Person seiner Träume zu schlafen oder Regenbögen sammeln zu gehen? Ich befinde mich da auf keinem futuristischen Trip, Facebook hat bereits sein Oculus Rift* herausgebracht.

---

* Eines der ersten Virtual-Reality-Headsets.

Das entspricht mehr oder minder dem, was auch die Psychologin Jean M. Twenge festgestellt hat, die die Ergebnisse ihrer Studie über die Auswirkungen von Smartphones auf amerikanische Jugendliche im Monatsmagazin *The Atlantic*[8] veröffentlicht hat: »Ich glaube, dass wir unsere Handys mehr schätzen als die echten Leute«, hat ihr eine Dreizehnjährige gestanden, die ihr iPhone nicht mehr aus der Hand legt, seit sie elf Jahre alt ist. Und die Beschreibung ihres Alltags scheint dies zu bestätigen: fast nie mit Freunden etwas unternehmen, hauptsächlich zur Schule gehen sowie viele Stunden in ihrem Zimmer verbringen und mit den anderen auf Snapchat kommunizieren. Seit 2012 (von diesem Jahr an besitzen mehr als 50 Prozent der Amerikaner ein Smartphone) beobachtet Twenge drastische Veränderungen im Verhalten und den Gefühlen von Jugendlichen. Sie glaubt zunächst an einen Irrtum, doch die Tendenzen bestätigen sich in den folgenden Jahren. Die Wissenschaftlerin gibt zu, dass sie in den 25 Jahren, in denen sie die Unterschiede zwischen den Generationen erforscht, »noch nie etwas Derartiges erlebt« hat. Je mehr Details ihre Arbeiten umfassen, desto mehr muss sie feststellen, dass diese neue Generation (die zwischen 1995 und 2012 geboren wurde und die sie bald iGen tauft) durch das gleichzeitige Aufkommen von Smartphones und sozialen Netzwerken geformt wurde. Zwar werden diese Jugendlichen seltener in Autounfälle verwickelt, trinken weniger Alkohol, haben später sexuelle Beziehungen, doch laut der Forscherin befinden sie sich, was ihre seelische Gesundheit angeht, kurz vor der schlimmsten Krise seit Jahrzehnten. Sie gehen seltener mit Freunden aus, haben deutlich weniger Liebesbeziehungen,* folglich auch weniger sexuelle Bezie-

---

* Gerade einmal 56 Prozent der Gymnasiasten sind 2015 schon einmal mit einem Mädchen oder einem Jungen »gegangen«, gegenüber 85 Prozent in der Generation X, die laut den Soziologen zwischen 1961 und 1981 oder zwischen 1966 und 1976 geboren wurde.

hungen,* streben weniger nach Unabhängigkeit (machen seltener ihren Führerschein, arbeiten sehr viel weniger, um sich ein bisschen Taschengeld zu verdienen), möchten viel seltener bei ihren Eltern ausziehen (da sich ein Großteil ihres sozialen Lebens auf ihrem Handy abspielt, haben sie ein geringeres Bedürfnis bzw. weniger Lust dazu), verbringen weniger Zeit mit Hausaufgaben, kommunizieren und teilen weniger mit ihrer Familie. Die gemeinsam verbrachte Zeit weicht der Zeit, die man alleine online verbringt; die Orte, an denen man sich treffen und Spaß haben könnte, werden häufig gegen virtuelle Räume eingetauscht.

Man könnte nun hoffen, dass dies die Jugendlichen zumindest glücklicher macht. Doch die vom amerikanischen *National Institute on Drug Abuse* finanzierte *Monitoring-the-Future*-Studie belegt deutlich, dass das Gegenteil der Fall ist. Seit 1975 befragen die Forscher jedes Jahr Schülerinnen und Schüler des Abschlussjahrgangs sowie seit 1991 Schülerinnen und Schüler der 10. und 11. Klasse zu zahlreichen Aspekten ihres Lebens und auch dazu, wie glücklich sie sich fühlen. Die Ergebnisse sind aufschlussreich. Ausnahmslos alle Schülerinnen und Schüler, die mehr Zeit als der Durchschnitt mit Bildschirmaktivitäten verbringen, fühlen sich weniger glücklich als diejenigen, die mehr Zeit als der Durchschnitt ohne Bildschirm verbringen. Und der Unterschied ist beträchtlich. In Wirklichkeit zeigt ein Kind umso eher depressive Symptome, je mehr Zeit es vor seinem Bildschirm verbringt.** Die Interaktion über die Technologie, das stän-

---

* 40 Prozent weniger sexuelle Beziehungen bei Schülerinnen und Schülern der 10. Klasse [A. d. Ü.: in Frankreich der Beginn der gymnasialen Oberstufe, die Jugendlichen sind im Schnitt 15 Jahre alt], die erste Beziehung beginnt mittlerweile im Schnitt ein Jahr später als in der Generation X.

** Ein Schüler der 10. Klasse, der intensiv die sozialen Netzwerke nutzt, erhöht sein Depressionsrisiko um 27 Prozent. Insgesamt haben sich die

dige Dokumentieren echter Begegnungen mit dem Handy, wenn sie denn einmal stattfinden, und das ängstliche Streben nach der Zustimmung der Anderen durch Likes verstärken aus Sicht der Forscherin bei all denen, die nicht bei Unternehmungen dabei sind, das Gefühl, ausgeschlossen zu sein. Zudem erhöht es den Druck in Bezug darauf, »wie man sein sollte« oder nicht sein sollte. Das Gefühl, ausgeschlossen zu sein, ist bei den Mädchen der 10. Klasse zwischen 2010 und 2015 um 48 Prozent und bei den gleichaltrigen Jungen um 27 Prozent gestiegen. Immer mehr Jugendliche schlafen neben ihrem Handy, wachen auf, sobald es wegen einer Benachrichtigung vibriert oder läutet, surfen noch vor dem Schlafengehen in den sozialen Netzwerken, greifen wieder zum Gerät, sobald sie auch nur ein Auge geöffnet haben, sprechen von ihm wie von einem Kuscheltier oder einer Verlängerung ihres Körpers. Die Bildschirme allgemein haben die durchschnittliche Schlafdauer drastisch verkürzt.* Dieser Schlafmangel wiederum führt zu vielen weiteren Störungen. Natürlich geht es in dieser Studie um die Vereinigten Staaten. Doch die Zeit, die die französischen Jugendlichen mit ihren Smartphones verbringen, unterscheidet sich bald kaum noch von der der jungen Leute auf der anderen Seite des Atlantiks. Man kann daher davon ausgehen, dass die Entwicklung in Europa sich angleichen wird.

Jenseits der berechtigten Sorge, die diese Studie bei den Eltern hervorrufen mag, kommt ihr das Verdienst zu, auf eine weitere Tatsache aufmerksam zu machen: Die Bildschirme dienen nicht nur dazu, uns zu unterhalten und unsere Aufmerksamkeit auf sich zu ziehen, damit Facebook oder Google Milliarden Dollar an Werbeeinnahmen einstreichen

depressiven Symptome bei Jungen zwischen 2012 und 2015 um 21 Prozent und bei Mädchen um 50 Prozent erhöht.

* Die Anzahl der amerikanischen Teenies mit Schlafmangel ist gegenüber 1991 um 77 Prozent gestiegen.

können. Sie beeinflussen auch unser Verhältnis zur Realität bzw. unsere Entscheidungen, etwa wenn der direkte Bezug zur Wirklichkeit in ihrer Komplexität bisweilen durch diese vereinfachte, bunte, unterhaltsame Vermittlung aufgehoben wird. Genau das hat der Philosoph und Motorradmechaniker Matthew Crawford in seinem Essay *Contact* untersucht. Ihm zufolge

> kommen wir mit der Realität über einen Repräsentations-bildschirm in Berührung, der ein zerbrechliches Ego vor der Welt beschützt, indem er sie harmlos macht und das Subjekt darauf vorbereitet, sich den »Entscheidungsstruk-turen« zu unterwerfen, die von irgendwelchen Funktionä-ren der psychologischen Anpassung entwickelt wurden.[9]

Mit anderen Worten: von den Ingenieuren des Silicon Valley, den Werbetreibenden, den Programmchefs der großen Me-dien usw. Dieser Versuch, den Schwierigkeiten der »Hetero-nomie«* zu entkommen, indem man auf Distanz zur realen Welt und ihren Zwängen geht, hält uns davon ab, Fähig-keiten und Kenntnisse zu erwerben, die für unsere Entwick-lung und unser Glück jedoch sehr wertvoll sind. Er isoliert uns nicht nur, er macht uns auch verletzlicher, beeinfluss-barer und empfänglicher für ein vereinheitlichtes, gewisser-maßen vorgekautes Denken. Und das lenkt unsere Entschei-dungen. Es kann zudem unsere unrealistische Vorstellung vom ultimativen, entwurzelten Individualismus verstärken, der eine Existenz frei von jeder Bindung und jedem Zwang verspricht, in der sich alle Schwierigkeiten mithilfe von digi-talen Anwendungen lösen lassen. Folglich können beispiels-

---

* Heteronomie bedeutet, dass ein Wesen nach den Regeln lebt, die ihm von einem »Gesetz« auferlegt werden, dem er unterworfen ist. Hete-ronomie ist das Gegenteil von Autonomie, bei der ein Wesen mit der übrigen Welt nach seinen eigenen Vorstellungen lebt und interagiert.

weise Sorgen bezüglich des Klimawandels oder des Artensterbens für Bewohner städtischer Gebiete, in denen der Hauptkontakt mit der Natur im Hintergrundbild des iPad-Bildschirms besteht, nebulös und abstrakt erscheinen. Und was die Idee angeht, sich aktiv an der Demokratie zu beteiligen, sei es nun auf lokaler, nationaler oder europäischer Ebene: Wer ist nicht schnell entmutigt, wenn er auf so viele Menschen trifft, die seine Ansichten nicht teilen und mit denen er endlose Diskussionen führen muss, wenn es doch gleichzeitig so einfach ist, sich treiben zu lassen – von der Flut der Inhalte, die unsere Displays bereithalten, von der Einfachheit eines Likes oder eines wütenden Emoticons, mit dem wir die Überschrift eines Artikels über die Politik der Regierung gemeinsam mit unseren digitalen Freunden kommentieren. Wir könnten auch zusammen mit ihnen von hypothetischen Revolutionen träumen, die über Facebook koordiniert werden, wie dies zum Teil während des Arabischen Frühlings der Fall war … Denn die Algorithmen lenken nicht nur unsere Klicks und Entscheidungen, sie können uns auch an Filterblasen binden, in denen wir in erster Linie auf diejenigen treffen, die unsere Meinungen ohnehin teilen. Diese berühmt-berüchtigten Blasen wurden im Zusammenhang mit dem Phänomen der Fake News beschuldigt, die Popularität Trumps gestärkt und gleichzeitig dafür gesorgt zu haben, dass Leute, in deren Umfeld seine Wähler nicht präsent waren, davon praktisch nichts mitbekamen. Diese Abschottungsmechanismen beschäftigen insbesondere Lawrence Lessig, Professor für Recht in Harvard, renommierter Verfassungsrechtler und einer der Vordenker des Internets:

Uns war nicht klar, dass das Internet auch das Wesen der Gemeinschaften von Grund auf verändern würde; die Art, wie sie auf Informationen zugreifen und sie verarbeiten. Wir sind von gemeinsamen Plattformen der Informations-

beschaffung [wie dem Fernsehen] zu Plattformen überge-
gangen, die immer fragmentierter wurden. Und die Algorithmen, die die Leute auf Plattformen wie Facebook mit
Informationen versorgen, produzieren zusehends eine
Welt, in der jeder in seiner eigenen Informationsblase lebt.
Doch in jener Welt ist schon die Vorstellung einer politischen, gemeinwohlorientierten Aktion nahezu unmöglich. Wir wissen nicht, wie man einen Raum aufbauen
kann, in dem die Leute die gleichen politischen Fragen dis-
kutieren könnten, im Ausgang von einem gemeinsamen
Rahmen und einem geteilten Verständnis der Tatsachen.[10]

Die Allianz zwischen finanzkräftigen Akteuren und die Lenkung der Verhaltensweisen, die das Internet heute ermöglicht, untergräbt unsere Demokratien. Viele wissenschaftliche Beobachter oder Essayisten fürchten, die Fortsetzung
dieses Kurses könnte uns letztendlich in eine völlig neue
Form des Totalitarismus stürzen. Die Kontrolle über die Bio-
technologie, die computerisierten Algorithmen, die künstliche Intelligenz und unsere Daten (all die Informationen,
die jedes Mal über Sie gesammelt werden, wenn Sie auf eine
Website gehen, einen Anruf tätigen oder eine E-Mail bzw.
SMS verschicken) könnte sich eine kleine Gruppe von Personen aneignen – die bereits in der Lage sind, unsere Denkwei-
sen zu verstehen und sie zu beeinflussen. Und schon ließe
sich ein Neofeudalismus organisieren, der mächtiger und
ungleicher wäre als alles, was die Menschheit jemals zuvor
erlebt hat. Millionen von Menschen könnten im Beruf durch
Maschinen ersetzt werden und in wenigen Jahren zu einer
riesigen »nutzlosen Klasse« werden. Die wenigen Inhaber
dieser außergewöhnlichen Macht* würden sich nicht mehr

---

* Heute sind die Führer der Internetriesen die amerikanischen GAFAM
(Google, Apple, Facebook, Amazon, Microsoft), die chinesischen BATX

damit zufriedengeben, Reichtümer anzuhäufen. Vielmehr wären sie imstande, unseren Körper, unser Gehirn und unseren Geist zu formen sowie virtuelle Welten mit einer beispiellosen Macht zu erschaffen. Statt uns gegen diese ziemlich erschreckende Zukunft aufzulehnen, würden wir in unserer Passivität und digitalen Abhängigkeit diese von unseren besagten »Entscheidungsarchitekten« vorgefertigten Richtungen auch noch billigen. Unsere einzige Möglichkeit, um dagegen Widerstand zu leisten, wäre der demokratische Weg. Was uns zu einer weiteren, grundlegenden Rahmenbedingung unserer Existenz führt.

Dritte Rahmenbedingung: Die Gesetze

Ob sie nun aus demokratischen Wahlen, religiösen Traditionen oder totalitären Regimen hervorgegangen sind: Gesetze – und die Verfassungen oder geoffenbarten Bücher, die sie rahmen – konditionieren ebenfalls unsere Handlungen, unsere soziale Organisation und unsere Interaktionen. Auch in diesem Bereich spielen recht einflussreiche Fiktionen eine Rolle – die manchmal auch aufeinanderprallen. In einigen Ländern oder Gemeinschaften bestimmen die angeblich göttlichen, von religiösen Autoritäten erlassenen Gesetze zum Beispiel über das Schicksal von Frauen oder von Tieren, sie regulieren die Sexualität, Gesundheit, Ernährung oder soziale Verhaltensweisen. In den heutigen westlichen, eher laizistischen* Gesellschaften stehen die Gesetze, die einer

(Baidu, Alibaba, Tencent und Xiaomi) oder auch die NATU (Netflix, Airbnb, Tesla, Uber).
* Die Vereinigten Staaten stellen dabei eine Mischform dar. Immerhin haben ganze Bundesstaaten die Evolutionstheorie aus ihren Schulbüchern verbannt und ziehen die Hypothese vor, dass »der Himmel und die Erde« vor 7000 Jahren von Gott geschaffen wurden.

radikalen Version des Islam und insbesondere dem Wahha-
bismus verpflichtet sind, am stärksten im Konflikt mit den
Gesetzen, die im Rahmen der Demokratie und der Tradition
der Menschenrechte, die wir der Aufklärung verdanken, ausgearbeitet wurden. Es wäre spannend, sich die Fiktionen, die
die Religionen darstellen, und ihre mögliche Hinterfragung
genauer anzusehen. Doch dazu fehlt mir die Kompetenz. Allerdings erscheint es mir sehr wichtig – und entspricht mehr
meinem Metier –, dass wir uns eine Weile mit der Fiktion,
die unser demokratisches Modell darstellt, und mit der kon-
troversen Frage: »Leben wir wirklich in einer Demokratie?«
befassen.

Das Wort ›Demokratie‹ stammt aus zwei griechischen Quel-
len, nämlich aus *dêmos*, das Volk, und *kratos*, die Macht. Laut
dem französischen Wörterbuch *Petit Robert* bezeichnet es
»eine politische Lehre, nach der die Souveränität (die höchste
Autorität) bei der Gesamtheit der Bürger liegen muss.«
Die Grundlagen der französischen Demokratie gehen auf
die Revolution von 1789 zurück, die deren Prinzipien erst-
mals verfügt hat. Damals, so erklärt uns die Regierungsweb-
site *Vie publique* (›Öffentliches Leben‹), standen sich die Anhänger einer repräsentativen Demokratie und die einer direkten Demokratie gegenüber. Und erstere setzten sich
durch. Unter ihnen war ein gewisser Abbé Sieyès (ein Pries-
ter und einer der Hauptarchitekten der Revolution), der in
seiner Rede vom 7. September 1789 erklärte:

Die Bürger, die sich Repräsentanten nennen, verzichten
darauf und müssen darauf verzichten, selbst das Gesetz zu
machen; sie haben keinen individuellen Willen durchzusetzen. Wenn sie Wünsche diktieren würden, wäre Frankreich nicht mehr länger dieser repräsentative Staat, sondern ein demokratischer Staat. Das Volk, ich wiederhole

es, kann in einem Land, das keine Demokratie ist (und Frankreich kann keine solche sein), nur durch seine Repräsentanten reden und handeln.[11]

Unter den Verlierern sagte ein gewisser Jean-Jacques Rousseau, der wiederum Anhänger der direkten Demokratie war, über das englische parlamentarische Regierungssystem: »Das englische Volk glaubt frei zu sein, es täuscht sich gewaltig, es ist nur frei während der Wahl der Parlamentsmitglieder; sobald diese gewählt sind, ist es Sklave, ist es nichts.«[12]

Haben Rousseau und Sieyès übertrieben? Sind wir zwischen zwei Wahlen (und sobald wir Volksvertreter haben) aller Macht beraubt? Untersuchen wir einmal etwas gründlicher die Mechanismen unserer heutigen Republik.

Alle fünf Jahre wählen wir in Frankreich in einer allgemeinen und direkten Wahl den Präsidenten der Republik und unsere Abgeordneten. Alle sechs Jahre unsere Bürgermeister und mit unterschiedlichen Laufzeiten unsere General- und Regionalräte.

Was können die Bürger während dieser Legislaturperiode tun, wenn:

a. ihre gewählten Volksvertreter nicht den Willen der Menschen berücksichtigen?

b. sie sich über ihre Beschlüsse hinwegsetzen (wie dies 2005 nach dem Referendum über die europäische Verfassung der Fall war)?

c. sie sich unterschiedlicher Vergehen schuldig machen?

Um seines Amtes enthoben zu werden, muss sich ein Präsident einem Verfahren unterziehen, an dem beide Kammern beteiligt sind: Senat und Nationalversammlung. Da die Nähe des Präsidenten zu den Parlamentariern seiner Partei oft groß ist (insbesondere seit der Einführung der fünfjährigen Amtszeit, in der die Nationalversammlung und der Präsident der Republik zur gleichen Zeit und für die gleiche Dauer gewählt werden, was jede Möglichkeit eines Machtwechsels und einer Kohabitation vereitelt, außer im Fall der Auflösung), ist es relativ unwahrscheinlich, dass er sein Amt verliert, selbst wenn besagter Präsident sich schwerer Vergehen schuldig gemacht hätte. Die Macht der Bürger über die Exekutive wird daher durch die Legislative vermittelt.

Der Haken daran: Gegenüber den Parlamentariern haben die Bürger ebenfalls keine Macht. Sie wählen die Senatoren nicht direkt und dürfen auch keinen Abgeordneten stürzen. Wie in *Vie publique* klar erläutert wird,

> sind die Parlamentarier nicht durch ein imperatives Mandat ihrer Wähler gebunden. Selbst wenn die gewählten Abgeordneten die während des Wahlkampfes gemachten Zusagen nicht einhalten, dürfen die Wähler ihr Mandat nicht verkürzen. Diese Regel schützt die Meinungsfreiheit der Parlamentarier, insbesondere bei ihrer Beurteilung des Gemeinwohls.

Die Macht über die Legislative liegt in Wirklichkeit aufseiten der … Exekutive! Der Präsident nämlich kann die Versammlung auflösen und Parlamentsneuwahlen veranlassen.

Diese beiden Gewalten werden ihrerseits durch die Judikative kontrolliert (die Exekutive nur bis zu einem gewissen Grad, denn sie profitiert von einem besonderen strafrechtlichen Status). Haben die Bürger also die Macht, die Richter, die die Integrität der anderen Gewalten gewährleisten, zu wählen (wie etwa in den Vereinigten Staaten)? Nein. Die Richter werden vom Justizminister ernannt. Wird er aber von den Bürgern ernannt? Ebenfalls Fehlanzeige. Er wird

vom Premierminister ernannt, der wiederum vom Präsidenten der Republik ernannt wird.

Welche Macht bleibt uns souveränen Bürgerinnen und
Bürgern also in den Jahren zwischen zwei Wahlen, wenn
sich eine der Situationen *a, b* oder *c* ergibt, ohne dass eine
Lösung gefunden würde? Die aktuelle Verfassung, d. h. die
Verfassung der Fünften Republik von 1958, legt fest, dass
»die nationale Souveränität beim Volk liegt, das sie durch seine Volksvertreter und durch Referenden ausübt.« Es bleibt
uns also außer der Wahl nur das Referendum, das es den Bürgern ermöglicht, sich direkt an der Ausarbeitung von Gesetzen zu beteiligen (eine Möglichkeit, die allerdings bislang
äußerst selten genutzt wurde: in der Fünften Republik genau
dreimal). Aber: Organisiert werden kann ein Referendum
nur auf Initiative … der gewählten Volksvertreter. Oder vom
Präsidenten der Republik.

Ein weiteres Problem besteht darin, dass die gewählten
Volksvertreter das Ergebnis einer solchen Volksabstimmung
umgehen können, wie dies 2005 bei dem Referendum der
Fall war, das zum Entwurf einer europäischen Verfassung
durchgeführt wurde. 55 Prozent der Franzosen haben gegen
dessen Ratifikation gestimmt. Vier Jahre später wurde der
Text in neuer Form (als Vertrag von Lissabon) durch das Parlament ratifiziert, allerdings mit demselben Inhalt und ohne
erneute Volksbefragung.* Kurz: Die Machtinstrumente der
Bevölkerung sind sehr gering, um nicht zu sagen: gleich Null.
Und wir können uns mit guten Gründen fragen: »Ist das eine
Demokratie, wenn wir nach der Wahl keine Möglichkeit
mehr haben, Einfluss auf die gewählten Volksvertreter zu
nehmen?« Was tun, wenn unsere Abgeordneten keine Ant-

---

* Eine Überarbeitung der französischen Verfassung durch den Kongress
vom 4. Februar 2008 im Schloss von Versailles ermöglichte am 8. Februar die Ratifikation des Vertrages selbst auf parlamentarischem Weg.

worten liefern auf so zentrale Probleme wie die Massenar-
beitslosigkeit, den Klimawandel, die Ressourcenerschöp-
fung, das beschleunigte Artensterben, den Hunger auf der
Welt ...? Und was, wenn bei jeder neuen Wahl das Kräfte-
spiel der großen Parteien lediglich einen Machtwechsel
zwischen denselben zwei Gruppen bewirkt, die überhaupt
nichts Neues vorschlagen? Und wenn wir bei jeder neuen
Wahl mit dem schmerzhaften Gefühl konfrontiert werden,
dass wir jeweils nur das kleinere Übel wählen und uns dabei
manchmal fragen, ob dieser einst so hart erkämpfte Akt der
Stimmabgabe noch zu mehr dient als dazu, den Siegeszug
extremer Parteien zu verhindern? Zu wenig mehr jedenfalls.

Doch das wäre letztlich unwichtig, wenn sich die politischen Verantwortlichen darum bemühen würden, die
Erwartungen und Hoffnungen der Menschen, die sie vertreten, umzusetzen. Aber ist das wirklich der Fall? Um das
beurteilen zu können, haben wir, als ich die NGO Colibris
leitete, im Vorfeld der Präsidentschaftswahlen von 2012 eine
Umfrage mit dem IFOP durchgeführt.[13] Die Ergebnisse lassen daran zweifeln. 95 Prozent der Befragten erklärten, es
sei ihnen besonders wichtig, die Verwendung von Pflanzen-
schutzmitteln (Kunstdünger, Pestizide) zu verringern, um
die Verschmutzung von Wasser, Luft und Böden und die Ge-
sundheitsrisiken einzudämmen. Unter ihnen waren sogar
41 Prozent der Ansicht, dass Frankreich zu einem vollkommen biologischen Landwirtschaftsmodell übergehen sollte.
64 Prozent fanden, dass man erneuerbare Energien entwickeln sowie schrittweise auf fossile Energien und Kernkraft
verzichten sollte. 75 Prozent sagten, man sollte Spekulatio-
nen stark bekämpfen, um der Realwirtschaft den Vorzug
zu geben. Natürlich handelte es sich lediglich um eine Mei-
nungsumfrage. Doch die Ergebnisse (und die Diskrepanz zur
tatsächlichen Haltung der französischen Regierung seither)

sind aufschlussreich. Sie sind aus der bereits weiter oben von mir angesprochenen Lähmung hervorgegangen, jedoch nicht ausschließlich. Noch handelt es sich um eine rein französische Problematik.

Vor einigen Jahren hat die Universität Princeton für eine Studie Daten von 1800 staatlichen Maßnahmen zwischen 1981 und 2002 ausgewertet. Die Ergebnisse zeigen, dass diese Maßnahmen sehr viel häufiger an der »wirtschaftlichen Elite und den Gruppen, die zur Wahrung ihrer Interessen organisiert sind«, ausgerichtet waren als am demokratischen Willen der Bevölkerung. Die Wissenschaftler schlussfolgerten lakonisch, dass die Vereinigten Staaten technisch gesehen gar keine Demokratie mehr seien, sondern vielmehr eine Art von Oligarchie …[14]

Wenn die Demokratie, wie Abraham Lincoln einst in seiner Rede von Gettysburg erklärte, tatsächlich »die Regierung des Volkes, durch das Volk, für das Volk« ist, so sind wir weit davon entfernt, in einer zu leben. Wir wären eher geneigt, Rousseau Recht zu geben, der in seinem *Gesellschaftsvertrag* schrieb: »Wenn es ein Volk von Göttern gäbe, würde es sich demokratisch regieren. Eine so vollkommene Regierung passt für Menschen nicht.«[15]

Die Rahmenbedingungen für unsere Entscheidungen

Was ich als »die Rahmenbedingungen« bezeichne, sind also jene strukturierenden Elemente, die unser Leben bestimmen, ohne dass es uns notwendigerweise bewusst wäre. Sie tragen dazu bei, unsere Entscheidungen und Handlungen zu lenken sowie unsere Zeit und Energie völlig in Beschlag zu nehmen. Die Gesetze, die Notwendigkeit, Geld zu verdienen, und die hinter unseren Bildschirmen verborgenen computerisierten Algorithmen stellen drei besonders wirksame Rahmenbedingungen dar. Sie verstärken sich im Übrigen wechselseitig. Je mühsamer und je weniger erfüllend unsere Arbeit ist, desto ohnmächtiger und entmutigter fühlen wir uns durch die Politik, und desto stärker sind wir geneigt, uns in die heile und bunte Welt der Smartphones, Fernseher und Tablets zu flüchten, um uns zu »amüsieren«.

Gleichwohl ist keine der drei Rahmenbedingungen an sich schlecht.

Geld ist ein Werkzeug, entstanden aus einer Fiktion und einer Übereinkunft heraus, die festlegt, dass Metallstücke, Papierscheine oder Computerbuchungszeilen materiellen Reichtum darstellen.

Das Internet stellt eine unglaubliche Innovation dar, die es ermöglicht, die Menschheit in nie zuvor dagewesener Weise miteinander zu verbinden. Das Web und die digitalen Werkzeuge könnten uns im Übrigen dabei helfen, unsere Gesellschaften neu zu erfinden, sofern wir ein doppeltes Gleichgewicht finden: Wir brauchen einen Weg, um diese Technologie ökologisch nachhaltig zu gestalten und sie zugleich in vernünftigem Maß zu nutzen, das ein gesundes Online-Offline-Verhältnis beinhaltet.

Die Gesetze gelten (falls sie aus einer demokratischen Debatte hervorgegangen sind) als diejenigen Regeln, die uns ein freies und sicheres Zusammenleben in relativer Gleichheit ermöglichen.

Doch sobald diese Rahmenbedingungen von einer kleinen Gruppe von Personen und Strukturen kontrolliert werden, die einem Narrativ des unendlichen Wirtschaftswachstums und der Profitmaximierung folgen, sind unsere Fähigkeit, frei zu leben, und die Fähigkeit der Ökosysteme, unserer materialistischen Gier standzuhalten, in hohem Maße bedroht.

Wir werden derzeit zu ohnmächtigen Zeugen dieses Schauspiels. Manchmal reißt uns noch eine Begegnung, eine Dokumentation, ein Werk oder eine Konferenz aus unserer Lethargie. Eine Woge der Empörung oder der Begeisterung rüttelt uns für einige Stunden wach, manchmal sogar für einige Tage. Bevor der Alltagsrhythmus, der Druck der Kredite und eine gewisse Entmutigung uns wieder kleinkriegen. Diese übermächtige Trägheit ist eine direkte Folge der Tatsache, dass wir inmitten einer einflussreichen Fiktion leben, die wir allein mit unserer bescheidenen Kraft nicht überwinden können. Was wir daher dringend benötigen, ist eine Veränderung des Narrativs. Außerdem müssen wir uns gemeinsam organisieren, um auf diese Weise das menschliche Treiben in eine andere Richtung zu lenken. Jede verlorene oder gestohlene Stunde, die wir auf den verschlungenen Pfaden des Netzes verbringen, jeder Tag, an dem wir damit beschäftigt sind, die Produktivität eines Unternehmens zu erhöhen, dessen Aktivität der Art von Welt, die wir aufbauen wollen, keineswegs guttut, jeder Einkauf, den wir tätigen, jede Mahlzeit, die wir zubereiten, jede unserer Bewegungen, jeder Augenblick, den wir mit anderen teilen, jede unserer Entscheidungen stellt eine Chance dar, die wir ergreifen können. Und ist Zeit, die wir für unser Leben zurückgewinnen und verwenden können, um eine andere Realität zu erschaffen. Die Summe dieser Entscheidungen bildet unser eigenes Narrativ, das wir jeden Tag den Menschen anbieten, denen wir begegnen, die wir kennen, mit denen wir zusammen zur Arbeit gehen, mit denen wir essen, unsere Abende verbringen, unser Haus teilen oder unser Bett. Was unsere persönlichen oder beruflichen Ziele mit am stärksten beeinflusst, ist schließlich die Wahrnehmung durch unser Umfeld. Je mehr eine Gewohnheit oder Vorgehensweise allgemein akzeptiert und durch unser soziales Milieu, unser berufliches Umfeld und unsere Gesellschaft allgemein aufgewertet wird, desto eher nehmen wir sie an.* Unser persönliches Narrativ zu verändern, ist daher ein besonders wirksamer Akt des Widerstands. Er eröffnet einen Raum auch für andere, die ihre Geschichte mit der, die wir erschaffen haben, abstimmen können. Es ist leichter für jemanden, zu sagen, dass er kein Fleisch isst, wenn zwei andere Leute am Tisch das Gleiche tun. Und ein Kind wird es leichter ertragen, kein Smartphone zu besitzen, wenn andere auch keines haben, und dadurch dieser Entscheidung Sinn verleihen. Ein neues kollektives Narrativ kann sich leichter etablieren, wenn es durch viele persönliche Geschichten gestärkt und ausgebaut wird.

Doch fassen wir zusammen.

Bis jetzt haben wir die folgenden Puzzleteile aneinandergefügt:

– Die wissenschaftliche Datenlage zeigt uns mit ziemlicher Sicherheit, dass wir auf eine Katastrophe zusteuern.

---

* Ein extremes Beispiel für diesen Herdentrieb ist die tolle Szene des Films *The Square*, der 2017 die Goldene Palme auf den Filmfestspielen in Cannes erhielt. Darin beobachten die schicken Tischnachbarn bei einem Dinner in Stockholm, wo eine Kunst-Performance stattfindet, wie gelähmt den Künstler, der einen Affen spielt und in dieser Rolle einen weiblichen Gast attackiert, ergreift und hinlegt, als wollte er sie vergewaltigen. Die Frau schreit, sie fleht um Hilfe, doch niemand rührt sich, da keiner weiß, ob man eingreifen ›sollte‹ oder nicht, und jeder sich fragt, wie wohl die anderen reagieren werden, wenn sie dazwischengehen. Bis doch noch ein Mann aufsteht und den Künstler bzw. Affen angreift. Fünf bis zehn Männer folgen ihm daraufhin in einen grotesken Kampf, stürzen los, schubsen einander zur Seite, obwohl sie vorher minutenlang nicht einmal den kleinen Finger gerührt haben. Die Szene endet mit diesem Chaos, und als Zuschauer fragen wir uns, ob ihre Reaktion bzw. ausbleibende Reaktion ebenfalls Teil der Performance war.

- Uns bleiben noch wenige Jahre, um etwas dagegen zu unternehmen.
- Es wird uns nur gelingen, wirklich etwas zu verändern, wenn Millionen von uns handeln und wenn Bürger und Abgeordnete zusammenarbeiten, um den Einfluss der Wirtschaft zu übertreffen.
- Die treibende Kraft, die die Mobilisierung und Zusammenarbeit von Millionen Menschen bewirken kann, sind Narrative bzw. Fiktionen.
- Um neue entwickeln zu können, müssen wir bestimmen, in welchem Narrativ wir derzeit leben und welche Rahmenbedingungen unser Verhalten konditionieren. Nur so können wir uns von ihnen befreien.

Es scheint sich also eine Strategie abzuzeichnen. Zumindest gilt das für all diejenigen, die der Meinung sind, dass uns noch Zeit bleibt, um die Katastrophe abzumildern und zu versuchen, unsere Gesellschaften zu verändern.*

Wir werden sehen, wie sich diese Strategie in die Tat umsetzen lässt.

---

* Für die Verfechter der Kollapstheorie könnten wir diese Einsichten folgendermaßen umformulieren: Die wissenschaftliche Datenlage zeigt uns mit ziemlicher Sicherheit, dass wir auf eine Katastrophe zusteuern. Es ist bereits zu spät, um sie zu verhindern, daher müssen wir uns auf die Zeit nach der Katastrophe vorbereiten. Das erfolgreichste Mittel, um die Angst zu besänftigen und denjenigen Kraft zu geben, die schon jetzt an ihrer Resilienz arbeiten könnten, oder denjenigen, die den künftigen Kollaps überleben werden, sind sicherlich Fiktionen. Gemeint sind Narrative, die auf Zusammenarbeit basieren und die eine Welt nach der Katastrophe entwerfen, die nicht ausschließlich dystopisch ist, sondern in der die Menschen aus ihren Fehlern lernen und neue Lebensweisen entwickeln würden.

Wie man neue Fiktionen entwickelt

Alles beginnt mit unseren Geschichten.

Wir müssen daher zuallererst einen Kulturkampf führen (obwohl ich ungern derart kämpferische Begriffe verwende). Es ist von entscheidender Bedeutung, dass wir eine vielversprechende ökologische Vision von der Zukunft anbieten, starke kulturelle Bezüge herstellen, ein wirkmächtiges Bild entwickeln und ein konkret greifbares Projekt ausarbeiten, das sowohl politisch und wirtschaftlich als auch urbanistisch, architektonisch, landwirtschaftlich und energiepolitisch ausgerichtet ist.

Wir müssen träumen und uns ausmalen, welche Häuser wir bewohnen, in welchen Städten wir uns entfalten könnten, welche Fortbewegungsmittel wir verwenden und wie wir unsere Nahrung produzieren würden, wie wir zusammenleben, zusammen entscheiden und unseren Planeten mit allen anderen Lebewesen teilen könnten. Schritt für Schritt könnten diese neuartigen Narrative unsere Vorstellungen unterwandern, uns im positiven Sinne geistig infizieren und, wenn sie von vielen geteilt werden, sich strukturell in Unternehmen, Gesetzen und Landschaften niederschlagen ...

Diese Geschichten können natürlich von Künstlern transportiert werden. Das haben wir unter anderem mit unserem Film *Tomorrow – Die Welt ist voller Lösungen* versucht, doch es würde sich lohnen, diesen Ansatz auch z. B. auf Romane und Spielfilme, Dokumentationen, Comics, Essays, Malereien, Zeichnungen und Graphiken aller Arten auszuweiten und zu verstärken. Doch nicht nur Künstler können Geschichten erzählen. Jeder Unternehmer, der eine neue Art des Wirtschaftens erfindet, jeder Ingenieur, der neue Arbeitsabläufe, jeder Ökonom, der neue Modelle entwickelt, jeder Abgeordnete, der die Verwaltung seines Wahlkreises runderneuert, jedes Kollektiv, das sich bildet, um etwas Außergewöhnliches zu erreichen, und jeder Journalist, der darüber berichtet, jeder, der sich in seinem Alltag neue Ziele setzt (z. B. Vegetarier zu werden, sein Auto stehenzulassen, in einem Plusenergiehaus zu leben, seinen Beruf zu wechseln oder einen Zero-Waste-Ansatz zu verfolgen und Müll möglichst vollständig zu vermeiden), erzählt auf seine ganz eigene Art eine Geschichte, die sein Umfeld inspirieren kann. Wichtig ist nur, dass er weder versucht, andere damit zu überzeugen, noch zu bekehren. Sich zu entscheiden ist bereichernd. Etwas Neues zu entwickeln ist verdammt aufregend. Aus dem Mainstream auszubrechen stärkt das Selbstwertgefühl. Sich in seiner Haut wohl zu fühlen ist ansteckend. Wer zu Beginn dieses 21. Jahrhunderts Widerstand leisten will, muss sich daher meiner Ansicht nach zuerst der Kolonisierung seines Geistes widersetzen. »Erschaffen bedeutet Widerstand leisten. Widerstand leisten, bedeutet zu erschaffen«, schrieb 2010 der inzwischen verstorbene Stéphane Hessel. Und er kannte sich aus mit dem Widerstand …

Wir brauchen einen Plan

Als nächstes kann man sich fragen, aus welchen Bausteinen diese neuen Geschichten bestehen könnten, die uns dabei helfen würden, aus der verfahrenen Situation herauszufinden, in die wir hineingeschlittert sind. Die Vergangenheit ist voll von – zumindest vorgeblich – gutgemeinten Theorien, Fiktionen und Ideologien, die aber katastrophale Auswirkungen hatten. Die Religionen stehen sicherlich an der Spitze der Rangliste der Ideale, die zu Massenmorden führten, dicht gefolgt vom Nationalsozialismus, dem stalinistischen Kommunismus und in nicht unerheblichem Maße dem Neoliberalismus. Es wäre daher problematisch, eine politischökologische Pseudoreligion zu entwickeln, und ich werde mich davor hüten. Wir können aber im Lichte der zu Beginn dieses Buches aufgezählten Fakten und dessen, was uns die überwiegende Zahl der Wissenschaftler über die Entwicklung der Ökosysteme sagt, was die NGOs über die starke Zunahme der Ungleichheiten berichten, was viele Ökonomen über die fehlende Nachhaltigkeit unseres Wachstumsmodells erklären, versuchen, einige Prioritäten zu setzen: die Achtung des natürlichen Gleichgewichts unseres Planeten und seiner Ökosysteme, die Förderung der Entfaltung jedes Menschen und die Befriedigung seiner wichtigsten Grundbedürfnisse (Trinken, Essen, Unterkunft, Gesundheitsversorgung) wie auch seiner anderen essentiellen Bedürfnisse (z. B. seiner Existenz einen Sinn zu geben, frei zu leben, den Verlauf seines Schicksals mitzugestalten, anerkannt, akzeptiert und integriert zu sein) bei gleichzeitiger Wahrung einer angemessenen Gerechtigkeit …

Mir ist bewusst, dass ich damit ziemlich banale Gemeinplätze aufzähle, doch sie haben sich bei weitem noch nicht überall auf der Welt durchgesetzt. Zwar besitzen wir entsprechende Abkommen oder Schriftstücke, über die ein breiter Konsens herrscht, wie etwa die Allgemeine Erklärung der Menschenrechte und der Bürgerrechte, und uns liegen auch Vorschläge wie die Allgemeine Erklärung der Rechte der Mutter Erde vor, die die Weltkonferenz der Völker über den Klimawandel formuliert hat. Selten hingegen verfügen wir über Organisationsmodelle, mit deren Hilfe sie auch umgesetzt werden können. Einst schien es, als könnte die Demokratie den Rahmen für diese Umsetzung bieten, doch diese Hoffnung schwindet: Die Ungleichheiten vergrößern sich, und der Planet wird ausgebeutet. Unser derzeitiges demokratisches Modell mag verglichen mit anderen Zeiten oder anderen Gegenden auf der Welt einen Fortschritt darstellen, trotzdem reicht es heute nicht mehr aus. Wie der

Rest unseres Gesellschaftsmodells muss es neu erfunden werden, damit echte Verfahren für die Unterrichtung, Anhörung und kollektiven Entscheidungsfindungen aufgebaut werden können.

In Anbetracht dieser Imperative würde ich die einzelnen Bausteine unserer Geschichten nach drei großen Zielen ausrichten:

1. Das Ende der Zerstörung und Erwärmung

Zuallererst müssen unsere Geschichten alles enthalten, was der Zerstörung der Ökosysteme, der Sozialschutzmodelle und des Zusammenlebens Einhalt gebieten sowie den Klimawandel stoppen könnte. Schluss mit den fossilen Brennstoffen, mit jeder Art von Verschwendung (von Energie, Nahrungsmitteln und Gegenständen), dem übermäßigen Konsum, dem exzessiven Verbrauch tierischer Erzeugnisse, mit all dem Betonieren, dem Bau von Minen, der Abholzung von Wäldern, dem Treibhauseffekt, Schluss mit Kinderarbeit oder der Ausbeutung von Erwachsenen, und überdies mit der extremen Konzentration der Reichtümer und der Macht, die unsere Demokratien zerreißt und dem Ultraliberalismus, der sehr häufig die Voraussetzung für all diese Katastrophen darstellt!

2. Die Entwicklung von Resilienz

Leider ist nicht auszuschließen, dass das Zusammenspiel der Probleme, denen wir uns gegenübersehen, zu einem Zusammenbruch der natürlichen Systeme führt; zumindest rechnen damit die Kollapsologen und einige andere Wissenschaftler. Selbst wenn das nicht geschehen sollte, erwartet uns eine Welt voll extremer Spannungen und eine deutlich feindseligere Gesamtsituation. Es ist daher unerlässlich, unsere Regionen resilient zu machen (und warum nicht auch unseren eigenen Lebensraum). Unter »Resilienz« verstehe ich wie gesagt die Fähigkeit, Belastungen standzuhalten, ohne zusammenzubrechen. Sich anzupassen, zu überleben und dabei einigermaßen unversehrt zu bleiben. Das bedeutet: Wir müssen so viel Nahrung und Energie wie möglich lokal produzieren, eine Trinkwasserverwaltung aufbauen, die nicht allein von großen zentralisierten Trinkwasserleitungsnetzen abhängig ist, und die Wiederverwertung vorhandener Materialien, die Reparatur, das Recycling, aber auch die handwerkliche Fertigung fördern, egal ob traditionell oder neumodisch. Wir müssen zudem das Know-How wiederentdecken, das diese Tätigkeiten erfordern* und außerdem lokale, verlässliche Wirtschaftsnetzwerke knüpfen, in denen die meisten Dinge des täglichen Bedarfs und Dienstleistungen von lokalen und unabhängigen Unternehmen bereitgestellt werden. Idealerweise entstehen parallel dazu komplementäre Geldkreisläufe mit lokalen Währungen für die kleinen und mittleren Unternehmen, und warum nicht auch Währungen, die gar nicht direkt gewerbliche Tätigkeiten unterstützen, sondern ebenfalls unsere Resilienz[1] erhöhen, also freie Währungen? Es ist darüber hinaus notwendig, lokale Gemeinschaften mit starkem Zusammenhalt aufzubauen, die an lebendigen demokratischen Prinzipien ausgerichtet sind. Unter »lebendig« verstehe ich hier das Gegenteil von dem, was wir momentan erleben: alle fünf oder sechs Jahre wählen gehen und sich in der

---

* Häufig können wir nichts mehr reparieren oder herstellen, ohne zentralisierte Verfahren zu durchlaufen (etwa den Kundendienst der großen Unternehmen oder Fabriken, die Produkte in großen Mengen herstellen), was uns wiederum abhängig von großen Strukturen und somit anfällig für Krisen macht.

Zwischenzeit nicht in die lokalen politischen Entscheidungen einmischen (abgesehen von Vereinen oder Organisationen).

Warum sind lokale und unabhängige Unternehmen besser als multinationale Konzerne? Warum brauchen wir Geldkreisläufe, die nicht ausschließlich auf Zentralbanken oder privaten multinationalen Banken beruhen? Warum kurze und dezentralisierte Kreisläufe? Weil die Resilienz eines Systems davon abhängt.

Aus der Sicht der Wissenschaftler, die die natürlichen Ökosysteme[2] und somit Netzwerke mit komplexen Strömen erforschen, fußt deren Resilienz im Wesentlichen auf zwei Faktoren: auf der Vernetzung und der Diversität. Der Ökonom Bernard Lietaer gibt dafür zwei besonders erhellende Beispiele:[3]

Vernetzung ist die Fähigkeit eines Milieus oder eines Tieres, sich anhand von sehr unterschiedlichen und zahlreichen Wechselwirkungen am Leben zu erhalten. Das Eichhörnchen im Central Park in New York oder die Kanalratte in Paris sind zum Beispiel imstande, fast überall einen Unterschlupf und Nahrung zu finden. Im Gegensatz dazu ist der Riesenpanda, der sich nur von einer einzigen Bambusart ernährt, vom Aussterben bedroht, sobald sein ursprüngliches natürliches Habitat zerstört wird. Er kann sich nicht anpassen.

Diversität ist ein geläufigerer Begriff. Doch wir sind nicht unbedingt gewohnt, sie unter diesem Blickwinkel zu betrachten. Stellen Sie sich einen Kiefernwald vor, eine Monokultur, die in großen Mengen und so schnell wie möglich Holz produzieren soll. Sobald ein Feuer ausbricht oder eine Krankheit die Bäume befällt, breitet sich das rasend schnell aus, und der gesamte Wald droht in Flammen aufzugehen oder angesteckt zu werden. Besitzen Sie dagegen einen Wald aus lauter unterschiedlichen Arten wie Eichen, Rotbuchen, Hainbuchen, Birken, Haseln, Ulmen usw., werden einige dem Feuer besser standhalten als der Rest, andere wiederum werden bestimmten Krankheiten besser trotzen, und der Wald als Ganzes wird eher in der Lage sein, Belastungen zu überstehen. Das gleiche gilt für alle komplexen Systeme: Stellen Sie sich vor, es gibt nur eine einzige Währung, die in der gesamten Welt zirkuliert und mit einem riesigen Weltmarkt verbunden ist. Sobald es zu einem Zusammenbruch der Finanzmärkte wie 2009 kommt, breiten sich die Schockwellen rasant und brutal aus. Die gesamte Weltwirtschaft gerät ins Wanken. Die Arbeitsplätze in Ihrer Gegend hängen von einem einzigen großen Unternehmen ab, das dort mittels umfangreicher staatlicher Beihilfen angesiedelt wurde, wie das etwa der Fall bei Goodyear, ArcelorMittal und so vielen anderen war? Sobald das Unternehmen beschließt, seine Produktion nach Osteuropa oder Südostasien zu verlagern, weil die Arbeitskräfte bei Ihnen zu teuer sind, bricht eine Welle der Arbeitslosigkeit über die Region herein. Sie bauen Monokulturen von Weizen oder Raps auf riesigen Flächen an? Ihre Böden verlieren dadurch Nährstoffe, Sie müssen sie mit synthetischen Düngern anreichern, die Pflanzen werden dadurch geschwächt und leichter von Schädlingen befallen, gegen die Sie wiederum immer mehr Pestizide einsetzen müssen ... Sie essen nur eine bestimmte Art von Lebensmitteln? Ihre Darmflora gerät aus dem Gleichgewicht, und Ihr gesamtes Immunsystem geht den Bach runter. Und so weiter. Laut Robert Ulanowicz und seinem Team hängt das Überleben eines komplexen Strömungssystems vom richtigen Gleichgewicht zwischen seiner Effizienz (seiner Fähigkeit, Volumen schnell zu verarbeiten) und seiner Resilienz ab.

Momentan dienen unsere Systeme vor allem der Effektivität, und wir vernachlässigen dabei weitgehend die Resilienz. Wenn wir eine Initiative aber anhand dieses Maßstabs bewerten (begünstigt sie die Diversität oder die Vernetzung?), gewinnen wir wertvolle Orientierung. Aus diesem Grund werden Unternehmen wie McDonald's oder Coca-Cola niemals nachhaltig werden, trotz all ihrer Bemühungen, diesen Eindruck zu erwecken. Ein Geschäftsmodell, das von der Standardisierung der Ernährung abhängt (wir essen überall den gleichen Big Mac, was den lokalen Wettbewerb kaputtmacht), das sich auf riesige Kartoffelmonokulturen, intensive Rindermassenhaltung (eine wichtige Ursache für die Klimaerwärmung) und eine ultraflexible Lohnpolitik mit sehr niedrigen Gehältern stützt, von der hauptsächlich eine Handvoll Aktionäre profitiert, ist das genaue Gegenteil dessen, was wir gerade beschrieben haben. Das würde auch dann noch gelten, wenn die Geschäfte begännen, weniger Energie zu verbrauchen, wenn das Fleisch aus Frankreich stammte und die Kartoffelmonokultur weniger Wasser verbrauchte.

3. Die Regeneration (des Planeten sowie unserer Wirtschafts- und Gesellschaftsmodelle)

Die Schäden sind bereits beträchtlich. Es geht daher nicht allein darum, die Zerstörungen zu stoppen und Resilienz aufzubauen, sondern auch um Regeneration, Reparatur und die Förderung der Heilung. Wir brauchen neue Formen der Herstellung, Mobilität, des Wohnens und Austauschs, und wir müssen neue Wälder anpflanzen (unter Berücksichtigung des Artenschutzes), Räume wieder verwildern lassen und das in der Atmosphäre vorhandene CO_2 binden. Das schlagen Modelle wie die des symbiotischen Wirtschaftens oder der blauen Wirtschaft* vor. Wir müssen von jetzt an einen

---

* Die blaue Wirtschaft ist ein Wirtschaftsmodell, das der belgische Unternehmer Gunter Pauli entwickelt hat. Es stillt die Grundbedürfnisse

Großteil unserer kollektiven Aktivitäten auf diese Tätigkeitsfelder konzentrieren.

Wenn wir zum Beispiel Gemüse in Permakultur anbauen, bei der viele Techniken zum Einsatz kommen wie etwa die natürliche Düngung der Böden, Hügelbeete, Agroforstwirtschaft, Mischkulturen, dichte Bepflanzung, die Schaffung von Mikroklimata – und all das, ohne Erdöl zu verbrauchen –, geben wir den Böden nicht nur ihre Fruchtbarkeit zurück. Wir ermöglichen ihnen auch, CO_2 zu speichern, und erhöhen die Artenvielfalt unter gleichzeitiger Beibehaltung desselben Produktionsniveaus auf kleineren Flächen. Auf diese Weise würden Räume frei werden, sodass sich freilebende Tiere und wildwachsende Pflanzen wieder entfalten könnten.

Wenn wir Wälder wieder aufforsten, absorbieren diese einen Teil des in der Atmosphäre vorhandenen Kohlenstoffs[*] und regenerieren dabei gleichzeitig das Bodenleben, verhindern Erosion, bieten den Arten wieder Rückzugs- und Nahrungsräume, senken die Temperaturen in den gesamten Gebieten usw.

Wenn wir dem Meer Zeit zur Erholung geben (indem wir z. B. die industrielle Fischerei drastisch beschränken, den Fischfang in der Tiefsee verbieten und damit aufhören, Berge von Müll, besonders Plastik, in die Ozeane zu kippen), ermöglichen wir der vorrangigen Kohlenstoffsenke des Plane-

---

und wertet das auf, was lokal verfügbar ist. Es ist vom Lebendigen inspiriert, gründet sich auf die Prinzipien der Kreislaufwirtschaft und betrachtet Abfälle als wertvoll. Die Farbe dieses Modells verweist auf die des Himmels und der Ozeane. Es stellt sich gegen die grüne Wirtschaft einer sogenannten »nachhaltigen« Entwicklung (*Wikipedia Frankreich*).

[*] Laut Arbor Tree Alliance speichert ein neu gepflanzter Baum im Schnitt 20 bis 30 Kilo CO_2 pro Jahr. Die Emissionen, die ein Hektar Wald somit jedes Jahr absorbiert, entsprechen denen von 100 000 gefahrenen Kilometern mit dem Auto.

ten, ihre Rolle als Kohlenstoffspeicher* und Sauerstoffemittent (ungefähr 40 Prozent des Sauerstoffs, den wir einatmen, werden dort produziert) zu erfüllen. Setzen wir uns für Modelle der Wirtschaftsentwicklung ein wie etwa die symbiotische Wirtschaft, können wir bei der Herstellung unserer Gegenstände mit sehr viel weniger Material auskommen. Außerdem können wir Städte aufbauen, die durch Landwirtschaft, Zonen mit pflanzlichen Wasseraufbereitungssystemen und Bäume klimatisiert würden, die die Artenvielfalt wieder stärken, die Niederschläge aufnehmen, unser Lebensumfeld verbessern und erneuerbare Rohstoffe liefern würden ...[4]

Das sind Alternativen, die den genannten drei Zielen entsprechen. Und wir sind viele, die sie fördern, die versuchen, sie zu realisieren und sie zu einem Narrativ verbinden. Dieses Narrativ wiederum kann vielfältige Formen annehmen, je nach der Perspektive ihrer Autoren. (Ich werde mich hier auf sogenannte »utopistische« Geschichten beschränken, die meine Analyse unterstützen. Es gibt freilich unzählige weitere Geschichten, darunter auch einige rein dystopische, in denen der Mensch in einer post-apokalyptischen Welt gegen seine Unterjochung durch künstliche Intelligenz und computerisierte Algorithmen ankämpft. Wiederum andere knüpfen an das Streben nach Fortschritt an, wie ihn die Gesellschaften des 20. Jahrhunderts verstanden haben: Sie plädieren für »grüne« Technologien und »grünes« Wachstum, *vertical farming*, bodenunabhängige Hors-sol-Produktion, Solarmodule überall usw.)

---

* Schätzungen zufolge enthält der Ozean 50 mal mehr Kohlenstoff als die Atmosphäre. Aus Sicht einiger Wissenschaftler sind demnach das Meer und seine Wassersäule die größte Kohlenstoffsenke des Planeten: ocean-climate.org/?p=3844.

Die glückliche Genügsamkeit des Aktivisten und Schriftstellers Pierre Rabhi fordert uns dazu auf, unseren Konsum, unseren Ressourcenverbrauch und unsere Besitzgier drastisch zu reduzieren sowie unsere positiven menschlichen Eigenschaften zu stärken: Empathie, Wissen, Intelligenz, Fähigkeit zur Zusammenarbeit und schließlich Freude. Wir sollen uns vom Überfluss befreien, um uns auf das Wesentliche zu konzentrieren. Seine Geschichte stimmt in mehreren Punkten mit der der Minimalisten, der Zero-Waste- oder der Postwachstumsbewegung überein. Danach würden wir mit dem Wesentlichen auskommen, hauptsächlich Low-Tech-Werkzeuge verwenden, eng verbunden mit der Natur leben und unsere Innerlichkeit entwickeln. Aus der Sicht von Pierre Rabhi würden sich die Menschen in »Oasen« organisieren, in denen sie gemeinsam den Großteil ihrer Nahrungsmittel und ihrer Energie (deren Verwendung sehr viel eingeschränkter wäre als derzeit) herstellen und die Basis für ihre Autonomie schaffen würden, um nicht länger von multinationalen Konzernen abhängig zu sein. Sobald der Überfluss reduziert wäre, könnte sich dort eine lokale Wirtschaft entwickeln, mit deren Hilfe die Bedürfnisse mit den »einfachsten und gesündesten« möglichen Mitteln zu befriedigen wären. Die Architektur würde lokale, wiederverwertbare und erneuerbare Materialien verwenden,* geheizt würde mit Holz, das Handwerk würde sich wieder entfalten und die Gemeinschaft würde das dafür unverzichtbare Know-How

---

* Seine Tochter und sein Schwiegersohn haben den Bau eines Prototyps koordiniert, das Ökodorf Hameau des Buis mit etwa zwanzig Häusern und einer sogenannten Sammel-Architektur, bei der Holz aus den Wäldern der Region für das Balkenwerk und die tragenden Teile verwendet wird. Die Erde stammt aus Erdarbeiten und wird mit Stroh von Bauern aus der Gegend für die Ziegel vermischt, hinzu kommen begrünte Dächer und Steine aus dem Umland für bestimmte Mauern oder Mauerblöcke, die die Wohnhäuser abgrenzen ...

wiederentdecken. Die Geselligkeit, das harmonische Verhältnis zwischen den Generationen, zwischen den Menschen und den Tieren stünden im Zentrum des Projekts.

Die Agraringenieurin und Autorin Isabelle Delannoy wiederum entwirft mit ihrer symbiotischen Wirtschaft eine Gesellschaft, in der es uns gelingt, die Symbiose* zwischen der menschlichen Intelligenz (die in der Lage ist, wissenschaftlich zu analysieren, zu organisieren, zu konzeptualisieren), den Werkzeugen (manuellen, thermischen, elektrischen, digitalen) und den natürlichen Ökosystemen (die in der Lage sind, von sich aus Außergewöhnliches zu leisten) zu optimieren. Fände man das richtige Gleichgewicht zwischen diesen drei Faktoren, könnte man aus ihrer Sicht damit nicht nur die Zerstörung aufhalten, sondern auch den Planeten, die Wirtschaft und die Gesellschaft regenerieren ... Ein gutes Beispiel dafür liefert der Ansatz des Permakultur-Bauernhofs von Bec Hellouin, der Gegenstand einer Studie von INRA und AgroParisTech** war. Dort nutzt man eine Symbiose aus sehr cleveren Handwerkzeugen (etwa einer Präzisionssämaschine, die 26 Reihen Gemüse auf einer 80 Zentimeter breiten Fläche aussät, oder einem Werkzeug zum schnellen, mühelosen Auflockern des Oberbodens), einem sehr ausgeklügelten wissenschaftlichen und empirischen Ansatz (basierend auf Kenntnissen der Interaktion zwischen

---

* Die Symbiose ist einer der stärksten Prozesse der Natur, sie ermöglicht die enge und dauerhafte Verbindung zweier unterschiedlicher Organismen, die sich mit ihren Unterschieden gegenseitig ergänzen.

** Diese Studie zeigte, dass es möglich ist, einen angemessen vergüteten Arbeitsplatz als biologischer Gemüsebauer auf 1000 Quadratmetern zu schaffen, obwohl man in der Regel zur Erzielung vergleichbarer Einkünfte und Produktionsmengen eine zehnmal größere Fläche benötigt: www.inra.fr/Chercheurs-etudiants/Agroecologie/Tous-les-magazines/Ferme-du-Bec-Hellouin-la-beaute-rend-productif.

den Pflanzenarten, der Funktionsweise des Bodens, des Mikroklimas usw.) und den lebendigen Kräften der Natur (mikrobiologisches Leben in den Böden, Bestäubung, Leistungen von Bäumen usw.). Dadurch kann eine kleine Parzelle mehr produzieren als das, was die Natur allein hervorgebracht hätte, mehr als das, was die Menschen ohne Werkzeuge erzielen würden und mehr als das, was die Menschen und die Werkzeuge bereits jetzt produzieren, ohne die Kräfte der Natur angemessen zu nutzen (sprich: die industrielle Landwirtschaft mit ihren chemischen Substraten). Gleichzeitig wird dabei der Boden sogar noch fruchtbarer gemacht, als er es im natürlichen Zustand war; er speichert nicht nur Kohlenstoff wie die Bäume und Pflanzen, sondern bietet auch Raum für eine größere Artenvielfalt als im ursprünglichen Zustand (es handelte sich um kahles Grünland). Den Bauern schließlich wird ermöglicht, von ihrem Beruf einigermaßen zu leben.

Aus Sicht von Isabelle Delannoy könnten unsere Gesellschaften die symbiotischen Prinzipien auch auf viele andere Gesellschaftsbereiche anwenden: Industrie, Wirtschaft, Demokratie, Bildung usw. Die Menschen könnten in weitgehend begrünten Städten leben, in denen große Bambusklärwerke das Schmutzwasser auf natürliche Weise reinigen und Biomasse für eine Mini-Industrie produzieren würden. Mithilfe von FabLabs bzw. offenen Werkstätten könnten wir unsere Sachen selbst reparieren, statt sie zu ersetzen, und sie in überschaubaren Größenordnungen herstellen, ohne eine massive Industrialisierung zu benötigen. Wir würden sehr viel weniger Dinge besitzen. Dank einer maßvollen und intelligenten Nutzung des Internets würden wir unsere Autos, Bohrmaschinen, Rasenmäher, Fritteusen und andere unregelmäßig verwendete Geräte miteinander teilen. Wir würden unsere Telefone, Computer und Fernseher nur mieten, um die Hersteller dazu zu verpflichten, sie so lange wie möglich funktionstüchtig zu halten. Die meisten unserer Waren würden aus den Abfällen des 20. Jahrhunderts und aus erneuerbaren Materialien hergestellt. Sie würden gemäß den Prinzipien der Kreislaufwirtschaft entworfen, damit das verwendete Material auf unbegrenzte Zeit im Produktionssystem verbleibt. Da sie aus austauschbaren und miteinander kompatiblen Modulen bestünden, könnte man sie leichter reparieren und auch ihre Leistung verbessern, ohne dass man dafür wieder völlig neue Geräte herstellen müsste. Dank der Kombination dieser verschiedenen Verfahren (Reduzieren, Wiederverwenden, Wiederverwerten, Reparieren, Mieten, Teilen …) könnten wir laut den Berechnungen von Isabelle Delannoy die Anzahl der im Umlauf befindlichen Dinge drastisch reduzieren (eine von der Universität Michigan vorgenommene Studie zeigt beispielsweise, dass wir die Anzahl von Fahrzeugen in den Städten bei gleicher Mobilität um 80 Prozent verringern könnten). Infolgedessen würde unser weltweiter Materialeinsatz extrem stark verringert (sie spricht von einer Einsparung von 90 Prozent). Wenn es gelänge, diesen Restbedarf an Ressourcen aus den Abfällen, aus den wiederverwertbaren Gegenständen und aus Pflanzen zu gewinnen, würden wir in einen wirklich positiven Kreislauf eintreten, der darüber hinaus zur Neugestaltung unserer Landschaften, zur Schaffung vieler Arbeitsplätze usw. beitragen würde. Mithilfe vielfältiger Währungen, die verschiedenen Gebieten (lokal, national, international) oder Interessensgemeinschaften zugeordnet wären (Währungen für die kleinen und mittleren Unternehmen, Währungen zugunsten von ökologischen Aktivitäten oder Zeitbanken usw.) könnten die Finanzmacht dezentralisiert und die Gebiete vor globalen Finanzkrisen geschützt werden. Wir würden unseren Energieverbrauch drastisch senken (selbst laut dem sehr viel konservativeren Szenario Negawatt könnten wir unseren gegenwärtigen Verbrauch um bis zu 60 Prozent reduzieren, ohne dabei an Lebensqualität einzubüßen[5]). Zudem würden wir für die Erzeugung erneuerbare Energiequellen verwenden und dafür sorgen, dass die Sonnenkollektoren und Windkraftanlagen nach denselben Prinzipien hergestellt werden wie die, die weiter oben in Bezug auf die Industrie genannt wurden. Die Erzählung von Isabelle Delannoy greift viele Vorschläge der Befürworter der Sharing Economy bzw. der Wirtschaft des Teilens, der Funktionalitäts- und Kreislaufwirtschaft, der blauen Wirtschaft, der Ökolonomie usw. auf und verbindet sie miteinander.

Mittlerweile gibt es unzählige solcher Geschichten mit den vielfältigsten Strukturen. Sie können alle Aspekte der Gesellschaft betreffen. Stellen Sie sich beispielsweise eine Welt vor, in der die Kinder schon von klein auf lernen, zu kooperieren, und in der man ihnen neben Mathe, Grammatik und Geschichte beibringt, auf bestmögliche Weise mit den anderen zu kommunizieren, ihre Bedürfnisse auszudrücken und ihre Konflikte zu lösen. In der sie nicht nur die körperliche Hygiene mittels Sport, Duschen und Zähneputzen, sondern auch die Psychohygiene mithilfe der Praxis der Achtsamkeit, der gewaltfreien Kommunikation oder Verhaltenstherapien erlernen. Eine Welt, in der sich die Medizin sowohl auf das Wissen über den Körper und seine alltäglichen Funktionsweisen (Folgen der Ernährung, mikrobiotisches Gleichgewicht im Darm, die engen Verbindungen zwischen Seele und Körper usw.), als auch auf die Erkenntnisse der überlieferten Medizin, insbesondere im Hinblick auf die Verwendung von Pflanzen, und auf alles, was die moderne Medizin uns bietet, stützt.

Stellen Sie sich vor, dass Frauen und Männer tatsächlich überall auf der Welt über die gleichen Rechte verfügen würden (eine Fiktion, die insbesondere im Westen nach den Vorfällen um Harvey Weinstein und der #MeToo-Bewegung wieder diskutiert wird und die immer noch in zahlreichen Ländern unvorstellbar erscheint, in denen Frauen weiterhin beschnitten, verschleiert oder gewaltsam verheiratet, vergewaltigt oder auf Bürgerinnen zweiter Klasse herabgewürdigt werden). Und stellen Sie sich vor, die Tiere würden vollständig als empfindungsfähige Wesen und nicht so wie heute als »bewegliche Gegenstände« oder Proteine auf vier Beinen betrachtet werden (mehr als 60 Milliarden Tiere werden jedes Jahr unter abscheulichen Bedingungen gehalten, um anschließend geschlachtet und verspeist zu werden).

Stellen Sie sich vor, dass die meisten menschlichen Tätigkeiten nicht darauf ausgerichtet wären, Geld zu verdienen, den Profit zu steigern, das Wachstum zu verbessern, die Arbeitslosenquote zu senken, den Verbrauch der Haushalte anzukurbeln, Anteile am Markt zu gewinnen, zu kaufen und zu verkaufen, die terroristische Bedrohung zu unterdrücken, unsere Gewinne zu sichern, unsere Kredite zurückzuzahlen oder uns in Unmengen von Unterhaltungsangeboten und Ablenkungen zu stürzen, die uns den geringen Sinn, den wir in unserem Leben sehen, und unsere panische Angst vor dem Sterben vergessen machen sollen. Stellen Sie sich vor, es ginge uns darum, zu verstehen, was wir auf dieser Erde tun, unsere Talente zu entfalten, unsere physischen und geistigen Fähigkeiten zu fördern, zusammenzuarbeiten, um die enormen Probleme zu lösen, die unsere Spezies geschaffen hat, und individuell wie kollektiv besser zu werden. Dass wir die meiste Zeit damit verbringen könnten, das zu tun, was wir gern tun, anderen nützlich zu sein, in der Natur zu wandern, einander zu lieben, leidenschaftliche Beziehungen zu leben oder Dinge zu erfinden … Klingt unmöglich, oder? Utopistisch. Naiv-weltfremd. Zu simpel. Und doch existiert all das, was ich gerade beschrieben habe, bereits im Ansatz in Schulen in Frankreich, in Ökovierteln in den Niederlanden, in Ökodörfern in Schottland, in FabLabs, offenen Werkstätten in den Vereinigten Staaten, in Industriegebieten Dänemarks, im Alltag von Millionen Unternehmerinnen, Künstlern, Lehrkräften, Architekten, Landwirtinnen ... Diese Geschichten machen durch ihre Verwirklichungen von sich reden. Und es ist unbedingt erforderlich, dass diese Bewegung jetzt an Tempo gewinnt. Dass sich diese kleinen Geschichten vervielfältigen und damit größeren, noch inspirierenderen Geschichten Antrieb geben, die in der Lage sind, eine unwiderstehliche Bewegung in Gang zu setzen. Wie ich bereits weiter oben festgestellt habe: Die Zeit drängt. Um uns den Herausforderungen zu stellen, die uns erwarten, müssen wir schnell und effizient sein, wir müssen Berge versetzen ... Dieses intensive Engagement legen Menschen freilich im Allgemeinen nur in zwei Fällen an den Tag: Erstens, wenn sie gewaltsam dazu gezwungen werden oder keinen anderen Ausweg sehen (angesichts von Krieg, Naturkatastrophen und anderen erfreulichen Dingen, die durchaus vorkommen oder sich wiederholen können) oder zweitens, wenn sie von Begeisterung und Leidenschaft getragen werden. Und in vielen Fällen vermischen sich diese beiden Formen.

Denken Sie einmal an all die Personen, die in Ihrem Leben oder in der Menschheitsgeschichte wirklich etwas bewegt haben. An die, die Sie inspirieren, die Sie bewundern, seien es nun Künstler, Ingenieure, Ärzte oder Forscher. An die, die wirkliche kulturelle, soziale oder politische Veränderungen angestoßen haben. Die meisten von ihnen haben einen Raum gefunden, um ihre »Gaben« in den Dienst eines Projektes zu stellen, das sie für sinnvoll halten. Keiner von ihnen verbrachte den Tag damit, sich zu sagen: »Man muss eben arbeiten, um seinen Lebensunterhalt zu verdienen, also mache ich mal langsam, und heute Abend setz ich mich mit Knabbereien vor den Fernseher und spiele *Candy Crush*.« In ihnen brannte vielmehr (oder brennt immer noch) ein starkes Feuer, das sie antrieb. Sei es, um zum Beispiel auf eine Gefahr zu reagieren wie Charles de Gaulle, auf Unterdrückung wie Mahatma Gandhi, auf schreckliche Ungerechtigkeiten wie Martin Luther King oder Mutter Teresa oder aber, um ihre Visionen zum Ausdruck zu bringen wie etwa die Beatles, Virginia Woolf oder Henry David Thoreau – immer aber setzten sie dafür ihre Talente ein.

Stellen Sie sich vor, dass sich die ganze produktive und kreative Energie der Menschen, die jeden Tag auf der Erde arbeiten, nicht darin erschöpfen würde, den Wirtschaftsmotor am Laufen zu halten, sondern darauf ausgerichtet wäre, Dinge zu tun, die ihnen unbändige Lust darauf machen, jeden Morgen aus dem Bett zu springen. Und wenn diese Energie dann noch in den Dienst von ausgesprochen nützlichen, ökologischen und sozialen Projekten gestellt würde ... Wetten, dass die Welt sich schnell ändern würde?

Neue Rahmenbedingungen

Doch dafür müssen wir den bereits genannten Abhängigkeiten ein Ende setzen: jener, die uns acht Stunden pro Tag an Bildschirme fesselt und jener, die uns dazu zwingt, für ein Gehalt zu arbeiten, um zu überleben und unsere Kredite abzubezahlen. Wie ich bereits festgestellt habe, stützen sich unsere Gesellschaften sowohl auf ein Narrativ, das ihnen eine allgemeine Richtung vorgibt, als auch auf Rahmenbedingungen, die unsere Lebensweisen strukturieren und konditionieren. Um den Kurs unserer Gesellschaften radikal zu verändern, müssen wir neue Narrative entwickeln, aber auch die genannten Rahmenbedingungen verändern. Nur so kann ein »revolutionäres« Unterfangen Erfolg haben.

Schauen wir uns einmal an, ohne Anspruch auf Vollständigkeit zu erheben, wie unsere drei wichtigsten Rahmenbedingungen sich entwickeln könnten.

Beginnen wir mit dem Recht. Wenn unsere Demokratien, wie es die Studie aus Princeton nahelegt, zu Oligarchien und Plutokratien* mutieren – sofern sie es nicht ohnehin schon immer waren[6] – haben wir keine Möglichkeit, die übermäßige Macht der Internetriesen, der Mineralölkonzerne oder der Banken zu regulieren. Wir leben immer noch in einer Fiktion, die wir von der vorangegangenen (der Monarchie) geerbt haben, in der eine Handvoll Menschen über unendlich viele andere herrschen konnten. Sie hat lediglich ihr Gesicht verändert. Für eine neue Geschichte, in der die Macht wirklich geteilt würde, müsste man die Regeln neu definieren, die unser Zusammenleben organisieren. Das haben die Isländer 2009 getan, als die Absprachen zwischen der politischen Führung und den Großbanken das Land an den Rand des Staatsbankrotts gestürzt hatten. Sie haben die Straßen, die sozialen Netzwerke und die Medien bis zum Rücktritt der Regierung sowie der Entlassung des Zentralbankchefs besetzt, zudem haben sie ein Verfahren eingeleitet, um selbst ihre Verfassung zu überarbeiten. Dieses revolutionäre Dokument konzentrierte sich auf die Machtverteilung, die Transparenz und die Verantwortung. Es verlangte eine Bankenkontrolle, erlaubte ab zehn Prozent der Bevölkerung ein von der Öffentlichkeit initiiertes Referendum und gestattete normalen Bürgern, Gesetze vorzuschlagen ... Im Mai 2012 wurde ein Referendum zu sechs großen Punkten dieser neuen Verfassung organisiert, um die Zustimmung der Bevölke-

---

* »Ein System, in dem die politische Macht den Besitzern von Reichtum zufällt« (Larousse). [Dazu der Duden: »Staatsform, in der die Besitzenden, die Reichen die politische Herrschaft ausüben; Geldherrschaft«. Anm. d. Ü.]

rung einzuholen. Das Vorhaben erzielte einen überragenden Sieg (67 Prozent Zustimmung zur Verwendung jenes Textes als neue Verfassung, 83 Prozent Zustimmung dafür, dass die natürlichen Ressourcen im Besitz der Nation sind und nicht privatisiert werden können, 74 Prozent Zustimmung für die Annahme des von der Öffentlichkeit initiierten Referendums ...), blieb aber fragil (nur 49 Prozent Wahlbeteiligung). Leider hatte dieses Wahlergebnis lediglich »beratende« Funktion.

Dieses außergewöhnliche Abenteuer wurde in seinem Elan dann einige Monate nach dem Referendum durch das neugewählte Parlament gestoppt, in dem die konservative Partei wieder den Ton angab.[7] Wie in vielen Ländern ist die Befugnis, die Verfassung zu schreiben, zu verändern oder zu ratifizieren (einen Text also, der die Macht der Abgeordneten regelt), ein Privileg – der Abgeordneten. Es ist daher von grundlegender Bedeutung, die Macht über den Rechtsrahmen zurückzuerobern, unabhängig davon, ob es sich dabei nun um die Verfassung oder andere Gesetze handelt. Wie wir das erreichen können, steht freilich auf einem anderen Blatt. Sicherlich durch eine Transformation unserer Bildungsmodelle, die die Schülerinnen und Schüler in die Lage versetzt, aufgeklärte Bürgerinnen und Bürger zu werden, Verantwortung zu übernehmen und vor allem zu lernen, sich nicht blind einer Autorität zu unterwerfen. Hinzu kommt die Organisation des Widerstands, wie bereits im Kapitel »Wann beginnt die Revolution?« angesprochen.

Und was genau sollten wir erreichen? Diese Frage ist einfacher zu beantworten.

Der Beginn einer Antwort könnte lauten: Institutionelle Mechanismen, wie sie es den Bürgern in einigen Ländern Europas und der Welt bereits ermöglichen, sich aktiv an den politischen Zielsetzungen zu beteiligen. Häufig werden dabei Elemente der direkten und der repräsentativen Demokratie vermischt. In der Schweiz erlaubt die Volksinitiative den Bürgerinnen und Bürgern, Verfassungsänderungen und Gesetzestexte vorzuschlagen, oder sie können per Referendum Einspruch gegen Gesetze erheben, die von den Parlamentariern vorgelegt wurden. In den Vereinigten Staaten kommen die Bewohner von Neuengland in Versammlungen zusammen – den *New England town meetings* –, um die Gesetze und Haushaltsbudgets ihrer Städte zu beschließen. Die Bürgerinnen und Bürger zahlreicher Staaten können Abgeordnete durch das sogenannte »Recall«-Verfahren abberufen (es wurde 2003 dazu genutzt, um den Gouverneur von Kalifornien abzusetzen), Gesetze erlassen und ihre Verfassung ändern. In der Verfassung Ecuadors ist ebenfalls ein Referendum zur Amtsenthebung festgeschrieben, das auf Abgeordnete zielt, die ihren Auftrag nicht erfüllen. In der Europäischen Union erlaubt es die Europäische Bürgerinitiative (EBI), dass eine Million Bürgerinnen und Bürger, die aus sieben verschiedenen Ländern kommen müssen, dem Parlament einen Gesetzentwurf vorlegen. All diese institutionellen Mechanismen würden erheblich dazu beitragen, die Zusammenarbeit von Abgeordneten und Bürgern zu fördern und fruchtbare Kräfteverhältnisse zu schaffen, durch die wirkliche gesellschaftliche Transformationen in Gang kämen.[8]

Darüber hinaus könnten wir Bürger, wenn wir die Macht über die Entwicklung der Gesetzgebung zurückerobern, mehrere vorrangige Baustellen in Angriff nehmen, die die beiden anderen, zuvor genannten Rahmenbedingungen betreffen: die Notwendigkeit zu arbeiten, um ein Einkommen zu haben, und die Lenkung unserer Verhaltensweisen durch die Algorithmen und Benutzeroberflächen im Internet.

Als erstes sollten wir uns um eine demokratische Regulierung der »Kommunikationsleitung« bemühen, die das Internet darstellt. Es ist unbefriedigend, dass ein Raum, in dem zwei Milliarden Menschen sich begegnen und miteinander interagieren – Facebook – einem privaten Unternehmen gehört, das dessen Regeln, Gesetze und Benutzeroberfläche entsprechend seinen Eigeninteressen der Rentabilität und Profitmaximierung ändert. Ebenso unbefriedigend ist die Existenz eines riesigen Onlinesupermarktes (Amazon), der einen wachsenden Teil der Weltwirtschaft absaugt (44 Prozent der Onlineverkäufe in den Vereinigten Staaten). Oder dass eine Suchmaschine, die die Suchanfragen von 93 Prozent der mit dem Internet verbundenen Menschen erfasst (5,48 Milliarden Suchanfragen täglich), ebenfalls einem einzelnen Unternehmen gehört, das unsere Daten, Vorlieben und Aufenthaltsorte sammelt und Profile von uns erstellt, um Werbekunden eine privilegierte Darstellung und die Möglichkeit anzubieten, unsere Einkäufe, aber auch unsere Lektüren und Entscheidungen usw. zu beeinflussen. In diesen drei Beispielen zeigt sich ein eindeutiger Konflikt zwischen dem Allgemeininteresse und dem Eigeninteresse, der uns im wahrsten Sinne des Wortes teuer zu stehen kommen könnte. Eine Regulierung dieses Bereichs sollte gleichzeitig die Unabhängigkeit der Kommunikationskanäle, die Achtung der Privatsphäre und eine Benutzerfreundlichkeit sicherstellen, die den Nutzer entscheiden lässt, ob er sich weiter durch Websites klicken, Anwendungen herunterladen usw. will. Tristan Harris betreibt spannende Forschungen zu diesem Thema, die den Usern einen maßvollen Umgang mit ihren Geräten erleichtern sollen.[9] Wie immer werden die Unternehmen diese Maßnahmen, die ihrem finanziellen Interesse zuwiderlaufen, nicht von selbst einführen. Sie lassen sich nur durchsetzen, wenn eine Mischung aus bewussten Entscheidungen der User und rechtlichen Vorgaben sie dazu nötigt. Beides geht in der Regel Hand in Hand.

Erwähnenswert sind darüber hinaus die Rahmenbedingungen, die unsere Abhängigkeit von Gehalt und Geld senken würden. Eine Option wäre die Umsetzung eines ehrgeizigen universellen Grundeinkommens, das die enormen Produktivitätssteigerungen unserer Gesellschaften umverteilen würde.* Auch das ist wiederum ein Beispiel für eine besonders interessante Fiktion. Vielen erscheint die Idee, dass Menschen ein Einkommen erhalten könnten, ohne dafür arbeiten zu gehen, schockierend, gefährlich oder unmoralisch. Unsere Psyche ist derart geprägt vom Zusammenhang zwischen Arbeit und Entlohnung, dass es schwierig ist, sich davon zu lösen. Doch die Forschungen und Experimente, die zeigen, dass ein solcher Vorschlag funktionieren könnte, sind sehr überzeugend.** Regelmäßig werden neue Experimente gestartet, um die Ergebnisse zu überprüfen. Das geschieht derzeit in Finnland, in der Region Neu-Aquitanien, in Utrecht in den Niederlanden, in Kalifornien oder auch in Ontario. Aus der Sicht vieler Verfechter eines universellen und bedingungslosen Einkommens (jeder bekäme es von der Geburt an bis zum Tod, ohne dass Bedingungen an

* Die Arbeitsproduktivität hat sich seit den 1970er Jahren verdreifacht, das BIP verdoppelt, doch die Mehrheit der Bevölkerung hat nie auch nur einen Hauch dieser Reichtümer zu Gesicht bekommen. Sie sind zum Großteil in die Hände weniger gefallen und zum Teil in Steuerparadiesen versteckt oder deponiert worden. So entgehen sie jeglicher Umverteilung. (Vgl. Thomas Piketty, »De la productivité en France et en Allemagne«, in: *Le Monde,* Blogs, 5. Januar 2017.).

** Zum Beispiel das Programm Mincome in Kanada in den 1970er Jahren (die jungen Menschen studierten mehr und länger, Krankenhausaufenthalte, häusliche Gewalt und psychische Erkrankungen nahmen dagegen ab), die Studie, die 1964 in fünf amerikanischen Städten durchgeführt wurde und das Experiment, das es dank der Erdöleinkünfte immer noch in Alaska gibt und den Bundesstaat zu einem der am wenigsten ungleichen des Landes macht. Diese Experimente werden in *Utopies réalistes* von Rutger Bregman beschrieben (übers. Jelia Amrali, Seuil, 2017). Andere werden erzählt in: Olivier Le Naire / Clémentine Lebon, *Un revenu de base, une idée qui pourrait changer nos vies*, Arles 2016.

die Zuweisung geknüpft wären), stellt diese Entkopplung von Einkommen und Arbeit einen der stärksten Antriebe dar, die sich eine Gesellschaft nur vorstellen könnte. Nur so könnten ihre Mitglieder von einer Arbeit, die sie erdulden, übergehen zu einer Arbeit, für die sie sich bewusst entscheiden. Die Behauptung, die Empfänger eines universellen Einkommens würden zu Hause bleiben und Däumchen drehen, wird durch die Realität widerlegt. 2009 berichtete ein in der Medizinzeitschrift *The Lancet* veröffentlichter Artikel, dass »die jüngsten Daten zu bedingten oder bedingungslosen Geldtransfers das Argument weitgehend entkräften, dass diese Programme die Erwachsenen daran hindern würden, Arbeit zu suchen, oder eine Kultur der Abhängigkeit schaffen würden, die die intergenerationelle Armut nur verstetige.«[10] Im Gegenteil behaupten die Forscher, dass hilfsbedürftige Menschen, wenn sie Geld erhalten, dazu neigen, mehr zu arbeiten. Das zeigt auch eine beeindruckende Anzahl von Experimenten, die mit englischen Obdachlosen wie auch mit mittellosen Bevölkerungsgruppen in Malawi, Namibia, Brasilien, Indien oder Südafrika vorgenommen wurden.[11] Das gleiche gilt für Roy Kaplans Studie über Lottogewinner von 1987. Sie zeigte, dass die Gewinner selten ihre Arbeit aufgeben oder, falls sie es doch tun, dann nur, um sich einen anderen Job zu suchen, der ihnen besser gefällt. Oder um sich um ihre Kinder zu kümmern.[12]

Ein ambitioniertes* Grundeinkommen würde jedem die Möglichkeit geben, für seinen Lebensunterhalt zu sorgen (und daher Millionen von Menschen aus der Armut führen), aber auch eine Tätigkeit zu wählen, die nicht unbedingt viel

---

* Beträge von 1000 Euro pro Erwachsenen und 400 Euro pro Kind und Monat für das Grundeinkommen werden von den progressivsten Forschern wie etwa dem Philosophen und Soziologen Philippe Van Parijs vorgeschlagen.

einbringen muss. Bislang leiden viele Tätigkeiten, die im Interesse der Allgemeinheit sind, darunter, dass sie wenig einträglich sind: Landwirte, Krankenpfleger, Lehrer, Angestellte in einer NGO usw. verdienen nicht gerade viel. Wie ich schon weiter oben erwähnt habe, verleiten der Zwang, direkt nach der Schule einen Job zu finden, und die Struktur des Schulsystems, das nicht gerade dazu beiträgt, dass man sich selbst besser kennenlernt und seine Leidenschaften oder Talente entdeckt, zahlreiche Schülerinnen und Schüler dazu, Wege einzuschlagen, die nicht zu ihnen passen. Und nichts ist schlimmer als jemand, der nicht für seinen Beruf geeignet ist: Lehrer, die ihre Schüler anöden, Krankenschwestern, die grob mit ihren Patienten umgehen, Büroangestellte, die ständig auf die Uhr sehen, oder Politiker, die ihre Stellung ausnutzen, um sich die Taschen vollzustopfen …

Mit 1000 Euro im Monat könnte ein konventioneller Bauer trotz der langwierigen Rückzahlung seiner Kredite in Erwägung ziehen, seinen Betrieb auf biologischen Anbau umzustellen. Ein Arbeiter in einer Autofabrik könnte beschließen, ein Reparatur-Café zu eröffnen und so seinen Alltag deutlich verbessern, während er sein Reparaturtalent (falls vorhanden) unter Beweis stellt. Ein leitender Angestellter in einem großen multinationalen Konzern könnte beschließen, seine Kompetenzen in den Dienst seines eigenen sozial oder ökologisch ausgerichteten Unternehmens zu stellen.* Ein Hauswirtschaftler könnte seine Schul- oder Universitätsausbildung wieder aufnehmen usw.

Es gibt durchaus stichhaltige Einwände gegen diese Idee eines universellen Grundeinkommens. Manche fürchten etwa, dass es den Konsumismus eher noch anheizt, statt

---

* Obwohl dieses Beispiel am problematischsten ist, da der betreffende leitende Angestellte einen sehr hohen Lebensstandard hat, auf den er nicht so ohne weiteres verzichten wollen wird. Seine Abhängigkeit vom Geld ist fast zu groß.

Kreativität freizusetzen. Das ist zweifelsohne ein Risiko, das man eingehen müsste. Ich für meinen Teil bin der Ansicht, dass die meisten Menschen langfristig stärker daran interessiert sind, nützlich, glücklich oder kreativ zu sein und ihrem Leben einen Sinn zu geben, statt sich neue Backöfen oder Tablets zu kaufen. Und oft tun sie das eine (kaufen), um das Fehlen des anderen (Sinn zu finden) zu kompensieren.

Es gibt eine weitere, seltener untersuchte Rahmenbedingung, die uns in einer schwer durchschaubaren Abhängigkeit von Geld und Wachstum gefangen hält: Der Mechanismus der Geldschöpfung, der in Europa durch den Artikel 123 des Lissabon-Vertrags geregelt wird.* Derzeit werden in der Eurozone fast 85 Prozent des in Umlauf befindlichen Geldes von privaten Banken geschaffen, indem sie Kredite vergeben. Die restlichen 15 Prozent sind die von der Europäischen Zentralbank (EZB) und den nationalen Notenbanken ausgegebenen Münzen und Scheine. Im Wesentlichen ist es so: Wenn Sie einen Kredit über 10 000 Euro aufnehmen, um sich ein Auto zu kaufen, und die Bank 10 000 Euro in ihrem Tresor hat (und sie davon überzeugt ist, dass Sie sie zurückzahlen können), dann hat sie das Recht, die Summe, die sie Ihnen leihen wird, in ihrem Computersystem zu schaffen und Ihnen mit einem Klick diese 10 000 Euro, die ein paar

---

* Der Artikel 123 des Lissabon-Vertrags besagt: »Überziehungs- oder andere Kreditfazilitäten bei der Europäischen Zentralbank oder den Zentralbanken der Mitgliedstaaten (im Folgenden als »nationale Zentralbanken« bezeichnet) für Organe, Einrichtungen oder sonstige Stellen der Union, Zentralregierungen, regionale oder lokale Gebietskörperschaften oder andere öffentlich-rechtliche Körperschaften, sonstige Einrichtungen des öffentlichen Rechts oder öffentliche Unternehmen der Mitgliedstaaten sind ebenso verboten wie der unmittelbare Erwerb von Schuldtiteln von diesen durch die Europäische Zentralbank oder die nationalen Zentralbanken.« Der Artikel 123 nimmt den Artikel 104 des Maastricht-Vertrags wieder auf, der ebenfalls identisch ist mit Artikel 181 des europäischen Verfassungsvertrags.

Minuten zuvor noch nicht existierten, auf Ihr Bankkonto zu überweisen.* Sie werden Ihr Auto bei Ihrem Vertragshändler bezahlen, der das Geld bei seiner Bank einzahlen wird, die nunmehr 10 000 Euro zusätzlich in ihrer Kasse hat. Sie könnte daher ihrerseits weitere 10 000 Euro generieren, um sie einem anderen Kunden zu leihen, der zum Beispiel eine HiFi-Luxusanlage kaufen möchte. Dieser neue Kunde wird seine Anlage, seine Lautsprecher und seinen Verstärker bei einem Verkäufer bezahlen, der diese 10 000 Euro erhalten und zu seiner Bank bringen wird. Was wiederum seinem Banker erlauben wird, 10 000 zusätzliche Euro zu verleihen und entsprechend neu zu schaffen. Und so weiter. Das, was man den »Geldschöpfungsmultiplikator« nennt, ermöglicht im Schnitt die Schaffung von bis zu sechs Einheiten auf der Grundlage einer Einheit. Für einen Euro, der effektiv auf der Bank existierte, werden per Kredit sechs Euro »virtuell« geschaffen.[13] Wo ist das Problem?, werden Sie fragen. Es ist ein dreifaches Problem.

Erstens: Wenn das Geld vom Kreditnehmer zurückgezahlt wird, wird die geschaffene Summe vom Computersystem gelöscht. Um genügend Bargeld im Umlauf zu halten und ein Ende des Wachstums zu verhindern, muss man also neue Kredite vergeben und somit den Konsum ankurbeln.

Das zweite Problem: Die Kreditnehmer müssen den Kredit ja samt Zinsen zurückzahlen. Doch das Geld aus den Zinsen wurde mit dem ursprünglichen Klick nicht geschaffen. Anders ausgedrückt: Ein großer Teil des im Umlauf befindlichen Geldes auf der Welt wird von Krediten erzeugt, die an Zinsen geknüpft sind, doch das Geld, das wir brauchen, um

---

* In Wirklichkeit lautet die Regel, dass sie 1 besitzen muss, um 0,8 schaffen zu können. Ich habe den Faktor 1 zu 1 verwendet, um die Erklärung zu vereinfachen.

diese Zinsen zurückzuerstatten, existiert nicht. Damit wir unsere Zinsen zurückzahlen können, muss irgendjemand anderes irgendwo sich ebenfalls Geld leihen, um den notwendigen Geldbetrag zu schaffen. Es müssen folglich neue Wirtschaftsaktivitäten entfaltet werden. Also noch mehr Wachstum ... Was den Ökonomen Bernard Lietaer zu der Feststellung führt: »In diesem Modell ist das Wachstum unentbehrlich. Die Leute, die glauben, dass wir uns auf ein Null-Wachstum zubewegen können, haben das monetäre System nicht verstanden. Wir würden ganz einfach auf den Bankrott zusteuern!«[14]

Das dritte (und längst nicht das geringste) Problem: Der größte Teil der Geldschöpfung wird von der Privatwirtschaft gewährleistet, die daran interessiert ist, ihren Profit zu maximieren und daher die Kredite zu steigern. Also wird sie alle möglichen Strategien einsetzen, um mehr Geld mit Geld zu verdienen. Wir wissen, wohin das führen kann. Global gesehen sind 97 Prozent der Geldbewegungen spekulativer Natur, gegenüber nur drei Prozent in der Realwirtschaft (Warenverkehr und Sachwerte).[15] Das bewirkt auch die Konzentration der Reichtümer in den Händen Weniger. Im Wesentlichen bedeutet das dank des Zinsmechanismus: Je mehr Geld Sie haben, desto mehr bekommen Sie. Wie Bernard Lietaer erläutert:

Zins ist die Übertragung des Geldes von jemandem, der nicht genug davon hat, an jemanden, der bereits mehr als genug davon hat. Es ist eine automatische Absaugmaschine von Mitteln zugunsten der Spitze der Gesellschaft. Aus Sicht einer Elite ist das ein ziemlich logischer Weg, um die eigenen Gewinne zu verteidigen. Im Übrigen ist dieses System vor 3000 Jahren in Sumer, zu Beginn des Patriarchats, just zu diesem Zweck erfunden worden.[16]

Uns von dieser Rahmenbedingung zu befreien, die uns zu unbegrenztem Wachstum und zu einem Wirtschaftskrieg zwingt, in dem jeder möglichst viel Geld auf Kosten anderer zu raffen versucht (da eine künstliche Knappheit aufrechterhalten wird), würde erfordern, eine neue Fiktion in Bezug auf die Geldschöpfung zu erfinden. Solche Fiktionen entwickeln sich tatsächlich seit vielen Jahren im Netzwerk der Komplementärwährungen und heute auch in dem der freien Währungen. Seit 1934 besitzen die Schweizer eine doppelte Währung: den Schweizer Franken und den WIR Franken. Der WIR ist eine Erfindung von Unternehmern, die von den Folgen der Weltwirtschaftskrise von 1929 mit voller Wucht getroffen wurden. Es handelt sich um eine zinsfreie Währung, die sich an kleine und mittlere Unternehmen richtet. Die Idee war ganz einfach: Da die klassischen Banken ihnen kein Geld mehr leihen wollten, sie nicht mehr investieren konnten und in die Rezession zu schlittern drohten, beschlossen also 16 Unternehmer, ihr eigenes Tauschmittel zu schaffen. Sie profitierten dabei von flexibleren Regelungen als heute und schufen sogar eine Bank, die mittlerweile 60 000 Unternehmer versorgt. Zwei Studien[17] von Professor James Stodder[18] haben gezeigt, dass dieses Komplementärsystem zum Schweizer Franken der Schweizer Wirtschaft und den Unternehmen, die es verwenden, eine größere Resilienz gegenüber Krisen sichert (was besonders während der Krise von 2009 ersichtlich wurde). Andere Orte wie Bristol im Vereinigten Königreich, die Chiemsee-Region in Deutschland, das Baskenland in Frankreich und mehrere tausend weitere erproben derzeit lokale Währungen, die nur in einem bestimmten Gebiet sowie in einem Netzwerk lokaler und unabhängiger Unternehmen ausgegeben werden können. Dieses Instrument soll verhindern, dass das Geld in Richtung der multinationalen Konzerne abwandert. Darüber hinaus will man so die ansässigen Unternehmen an den

Ort binden, Auslagerungen begrenzen, Steuerflucht verhindern, die Wege zwischen Herstellern, Händlern und Konsumenten verkürzen, um die CO_2-Emissionen zu reduzieren, den lokalen Akteuren eine gewisse Kontrolle über ihre Wirtschaft zurückzugeben und sie aus der Abhängigkeit vom Markt zu lösen.

Dank des Internets entstehen heute außerdem neue Modelle wie die Kryptowährungen mit Blockchain-Technologie.* In diesem System wird die Währung dank verschlüsselter Computerdaten direkt zwischen den Nutzern auf den Finanzmärkten ausgetauscht, ohne das konventionelle Banksystem einzubeziehen. Der Bitcoin ist die bekannteste dieser Währungen, doch durch seinen spekulativen und unglaublich energieintensiven Charakter kann man ihn nicht wirklich zur Gruppe der interessanten ökologischen Projekte und Bürgerinitiativen rechnen. Andere Systeme wie Ethereum, die weit weniger Energie verbrauchen, entwickeln sich momentan[19] und erscheinen nachhaltiger. Die Verknüpfung lokaler Währungen mit Kryptowährungen wird unter der Leitung der Initiatoren des Léman, der lokalen Währung Genfs, ebenfalls ausgearbeitet. Über eine mit einer freien Software entwickelten Plattform wird sich jeder anmelden können und die Möglichkeit ha-

---

* Blockchain ist eine transparente, gesicherte Technologie für die Speicherung und Übertragung von Informationen, die ohne zentrale Kontrollorgane funktioniert (Definition von *Blockchain France*). Es gibt öffentliche, allen zugängliche Blockchains und private Blockchains, bei denen der Zugang und die Nutzung auf eine bestimmte Anzahl von Akteuren beschränkt ist. Eine öffentliche Blockchain kann man mit einem großen öffentlichen, anonymen und fälschungssicheren Rechnungsbuch gleichsetzen. Wie der Mathematiker Jean-Paul Delahaye schreibt, muss man sich »ein sehr großes Heft« vorstellen, »das jeder frei und kostenlos lesen kann, in dem jeder schreiben kann, das jedoch unlöschbar und unzerstörbar ist.« (*Pour la science*, März 2015, S. 80.)

ben, eine Währung zu schaffen (sie kann lokal, für kleine und mittlere Unternehmen, frei oder international sein), oder eine bereits vorhandene zu nutzen. Mit einer Smartphone-App wird man die Währung mit all jenen austauschen können, die bereits angemeldet sind. Bei diesem System wird kein zentraler Server benötigt, stattdessen wird die Menge der miteinander verbundenen Rechner zu »Knotenpunkten« des Netzwerks, die seine Stabilität gewährleisten. Im Gegensatz zum Bitcoin wird es keine Spekulation auf diese Währungen geben und auch keine Zinsen, wenn sie geschaffen werden.

Auch das ist eine äußerst reizvolle Fiktion. Die Idee, dass das Geld, auf das wir heute dringend angewiesen sind, auf andere Weise geschaffen werden kann als durch den Staat oder Privatbanken, mag zwar zunächst zu einer erheblichen Verunsicherung führen. Aber sollten wir nicht auch ein bisschen darüber verunsichert sein, wie das Währungssystem heute funktioniert? Wie Thomas Jefferson 1816 in einem Brief an John Taylor schrieb: »Wie Sie bin auch ich der Ansicht, dass die Bankinstitute gefährlicher sind als kampfbereite Armeen; und dass das Prinzip, Geld auszugeben, das später als sogenannter Kredit zurückgezahlt werden muss, ein zukünftiger, großangelegter Betrug ist.«[20]

Die Kontrolle über die Geldschöpfung zurückzuerobern kann ein Mittel sein, mit dem wir uns eine Rahmenbedingung schaffen, unter der das Geld für das ausgegeben wird, was uns wirklich wichtig erscheint, statt dass wir uns von Schulden lähmen und unterdrücken lassen. Denn genau an diesem Punkt drückt der Schuh. Unsere Wirtschaftsweise generiert Schulden und verfestigt damit die Herrschaft bestimmter Akteure über andere. Diesbezüglich ist das Beispiel Griechenland besonders aufschlussreich. Über Jahre wurde Griechenland für den starken Anstieg seiner Staatsverschul-

dung angeprangert.* Das regelmäßig von Zahlungsunfähig-
keit bedrohte Land musste insbesondere den Internationalen
Währungsfonds (IWF), den Europäischen Stabilitätsfonds
für den Finanzmarkt, die Europäische Zentralbank und mehrere europäische Länder um Hilfe anrufen. Diese Staaten
und Organisationen willigten jeweils ein, dem Land mehrere hundert Milliarden zu leihen, das sich im Gegenzug zu
harten Sparmaßnahmen verpflichtete. Das Ergebnis: Viele
öffentliche Einrichtungen – wie Krankenhäuser und Schulen – litten besonders stark unter den Einschränkungen. Of-
fiziell forderte die Troika die Sanierung des Staatshaushaltes
und die Wiedereinführung einer guten Verwaltung. Tatsächlich ebnete sie den Weg für eine Privatisierung vieler
dem Gemeinwohl dienender Sektoren (Griechenland erklärte sich bereit, u. a. seine Häfen, Autobahnen, Flughäfen und
seinen Strom zu privatisieren) und erhöhte immer und immer wieder die Staatsverschuldung des Landes. Der Haupt-
teil des Geldes, das dem Land jedes Jahr geliehen wurde,
diente nicht dazu, die Wirtschaft wieder anzukurbeln oder
notleidende Beamte zu bezahlen, sondern die Zinsen für die
vorangegangenen Kredite zu bezahlen.** Entsprach die Verschuldung 2012 noch 129 Prozent des BIP, belief sie sich 2017
schon auf 185 Prozent. Parallel dazu konnte Deutschland, das
gegenüber Griechenland besonders hart auftrat und als erstes Sparmaßnahmen forderte, obwohl das Land bereits aus-

---

* Dabei liegen die Ursachen für diese Verschuldung eher aufseiten der
 privaten Banken als in einer schlechten Staatsführung. Vgl. die Analyse
 von Éric Toussaint, »Grèce:Les banques sont à l'origine de la crise«, in:
 CADTM, 23. Dezember 2016.)
** 2015 dienten die Darlehen zu 86 Prozent dazu, die Schulden zurückzuzahlen, nur zu 10 Prozent dienten sie dem Staatshaushalt. 4 Prozent
 gingen an den Europäischen Stabilitätsfonds für den Finanzmarkt
 [bzw. Europäische Finanzstabilisierungsfazilität, EFSF] (vgl. Monique
 Lasserre, »La dette publique grecque I«, in: CADTM, 2. Dezember 2015).

geblutet war, seit Beginn der Griechenlandkrise 2010 fast 100 Milliarden Euro einsparen, wie eine deutsche Studie von 2015 belegt:

> Diese Einsparungen übersteigen die Kosten der Krise, und das sogar dann, wenn Griechenland seine Schulden nicht vollständig zurückzahlt. [...] Während der europäischen Schuldenkrise hat Deutschland überproportional von diesem Effekt profitiert,

schreiben die Ökonomen, die den Bericht verfasst haben.[21] Dazu der *Figaro*:

> Deutschland hat sich im Zuge der Privatisierungen, die seit 2011 von Athen insbesondere im Gegenzug für die Finanzhilfen der Europäer mit Hochdruck betrieben wurden, auch wichtige Verträge gesichert. Die mit einem griechischen Unternehmer verbundene Gesellschaft Fraport hat namentlich den Zuschlag für die Übernahme von 14 regionalen griechischen Flughäfen für ungefähr eine Milliarde Euro erhalten, von denen einige, wie etwa Korfu, stark von Touristen frequentiert werden.[22]

Die chinesische Gesellschaft Cosco wiederum kaufte den Hafen von Piräus. Die Europäische Zentralbank und der IWF strichen ihrerseits zwischen 2012 und 2016 Zinsen in Höhe von 7,8 Milliarden bzw. 2,5 Milliarden ein.[23]

Das ist ein praktisch perfektes Beispiel für die Konzentration von Geld und Macht, die das System der Geldschöpfung durch Kredite mit Zinsen ermöglicht.

Was wäre passiert, wenn das Land beschlossen hätte, eine zinslose, nicht in Euro konvertierbare Komplementärwährung einzuführen, die nur innerhalb der eigenen

Landesgrenzen hätte ausgegeben werden können, bei gleichzeitiger Beibehaltung des Euro für die internationalen Geschäfte? Natürlich hätte sich Griechenland vor der Europäischen Kommission für den Verstoß gegen die gemeinsamen Regeln verantworten müssen. Doch tatsächlich wäre es sicherlich in der Lage gewesen, seine Wirtschaftstätigkeiten wieder anzukurbeln, wenn es sich ein Tauschinstrument für die Güter verschafft hätte, die die Griechen weiterhin jeden Tag produzieren ... Vorerst hat die alte Fiktion das Rennen gemacht. Doch was geschieht, wenn Dutzende von Regionen anfangen, eine andere zu entwickeln?

Dieses Beispiel zeigt, dass sich die Rahmenbedingungen mit den Spielregeln ändern, nach denen wir kollektiv spielen. Diese Regeln beruhen jedoch sowohl auf einem geteilten Narrativ als auch auf Vertrauen. Das ist besonders in Bezug auf das Bargeld frappierend. Ein Euro ist nur einen Euro wert, weil eine vertrauenswürdige dritte Partei (die Europäische Zentralbank) seinen Wert garantiert. Doch zugleich auch, weil eine ausreichend große Anzahl von Personen diesem Wert zustimmt. Sobald die EZB verkündet, dass ein Euro nichts mehr wert sei, können Sie noch so viele Tausende auf Ihrem Bankkonto liegen haben, sie wären dann zu nichts mehr zu gebrauchen. An dem Tag würde Ihr Bäcker, der in all den Jahren Ihre Münzen auf dem Verkaufstresen kassierte, sie nicht mehr akzeptieren. Was absurd erscheint, denn nichts hätte sich wirklich verändert. Das Brot läge immer noch hinter ihm in den Regalen, Sie wären immer noch dieselbe Person, würden weiter denselben Beruf ausüben, doch das Mittel, um die Güter zu tauschen, die Sie beide produzieren, hätte sich mit einem Fingerschnipsen verändert. Genau das passiert auch bei einer Währungsabwertung. An einem Tag hat Ihr Schein einen Wert, und am nächsten Morgen hat sich dieser Wert verändert.

Es ist äußerst wichtig, die Bedeutung der Geschichten und Rahmenbedingungen zu verstehen. In unseren menschlichen Strukturen liegt die Macht in den Händen der wenigen Leute, die in der Lage sind, Geschichten zu erschaffen, die mächtig genug sind, um Millionen andere mitzureißen, und die in der Lage sind, Rahmenbedingungen (z. B. das Geld, das Recht, das Internet) zu schaffen oder zu verändern. Auf diese Weise kann eine kleine Minderheit eine Vielzahl anderer Menschen beherrschen. Die Spielregeln liegen in ihrer Hand. Bis die schweigende Mehrheit erkennt, dass sie sie ändern kann, wenn sie sich zusammenschließt und geschlossen agiert. Genau das ist bei der Französischen Revolution oder auch der Russischen Revolution geschehen. Doch so etwas passiert selten. Meistens fehlt es an einer vernünftigen Koordinierung. Die »Menge«, von General de Gaulle verächtlich als »die Kälber« bezeichnet, weiß nicht, wie sie sich organisieren, wie sie zusammenarbeiten kann ... Dabei gibt es nichts Wichtigeres. In der gesamten Geschichte haben fast immer diejenigen den Sieg errungen, die am besten zusammengearbeitet haben. Daher müssen wir dringend lernen, wie wir das erreichen können. Glücklicherweise gibt es dafür Methoden, die auch bereits erfolgreich angewendet wurden.

Wann beginnt die Revolution?

Angesichts der Situation zu Beginn des Jahres 2018 scheint es dringend geboten, den Grundstein für neue Geschichten und Rahmenbedingungen zu legen, so wie ich es versucht habe. Allerdings lässt sich so etwas nicht erzwingen. *Homo sapiens* wird, wie George Marshall es beschreibt, von einem zweifachen kognitiven Apparat – einem rationalen und einem emotionalen – geleitet. Es ist kein Zufall, dass wir ausgerechnet die Fiktionen als Vermittler unserer kollektiven Konstrukte bevorzugen: Das »emotionale Gehirn« übernimmt meistens die Führung. Daher ist es auch von grundlegender Bedeutung, nicht zu versuchen, anderen in gutem Glauben Fiktionen oder Theorien aufzuoktroyieren, die wir für positiv oder konstruktiv halten, sondern vielmehr strukturelle Zusammenhänge zu schaffen, die unsere Kreativität wecken, unsere Empathiefähigkeit sowie unser Wissen fördern und uns begeistern. Statt ein ideales Pseudo-System zu entwerfen, das es – glücklicherweise – auch nicht gibt, müssen wir (ähnlich wie im finnischen Bildungssystem) einen Rahmen anbieten, innerhalb dessen möglichst viele Menschen mithilfe ihrer eigenen Intuition wie auch mittels objektiveren Wissens alleine etwas tun können.

Bestimmte Gruppen oder Gemeinschaften sind Meister darin, diesen kreativen Enthusiasmus zu wecken, und könnten uns schon jetzt im Hinblick auf die zu ergreifenden Maßnahmen inspirieren. Man könnte z. B. das Transition Network nennen, eine Bewegung, die ursprünglich Transition Town hieß [dt. in etwa: ›Stadt im Wandel‹] und in der Bewohner ihre Städte in Richtung einer vom Öl unabhängigen Gesellschaft verändern wollen; oder das Incredible-Edible-Projekt [dt.: ›Unglaublich essbar‹] und das der Urbanen Landwirtschaft, nach dessen Vorstellung die Straßen und Städte in riesige Gemüsegärten verwandelt werden sollten; oder auch die Ökostädte und die Komplementärwährungen … Auf der politischen Ebene haben führende Köpfe wie Harvey Milk und die Bewegung für die Rechte der LGBT*, die Gruppen, die den Arabischen Frühling initiiert haben, oder auch Barack Obama und seine Kampagne *Yes we can* starke, erfolgreiche Narrative erschaffen, von denen sich Millionen von Menschen haben mitreißen lassen. Diese Geschichten zeigten ihnen, dass die ägyptischen oder tunesischen Diktatoren von einfachen Bürgern gestürzt werden könnten, obwohl sie seit Jahrzehnten uneingeschränkt über ihre Länder herrschten; dass Homosexuelle die gleichen Rechte haben könnten wie die Heterosexuellen oder dass ein schwarzer Mann Präsident der Vereinigten Staaten werden könnte.

Seit mehreren Jahren untersucht Sdrja Popović, wie diese Geschichten entstehen, Revolutionen in Gang setzen und – warum nicht? – auch Erfolg haben können. Popović, selbst aktives Mitglied der Bewegung Otpor, die Milošević in Ex-Jugoslawien zu Beginn unseres Jahrhunderts stürzte, und vier Jahre lang Abgeordneter im neuen serbischen Parlament, gründete 2004 eine neue Organisation namens CANVAS, eine Art Beraterbüro für Revolutionen. Inzwischen besuchen Hunderte von Menschen aus der ganzen Welt das Büro, um sich in den Prinzipien des »gewaltfreien Widerstands« weiterzubilden, mit deren Hilfe die bestehende Macht in ihren jeweiligen Ländern gestürzt werden könnte.

Beim Studium der verschiedenen Geschichten dieser Gruppen hat Popović eine Methodologie entwickelt, die aus neun Prinzipien besteht und die er in seinem Werk *Protest! Wie man die Mächtigen das Fürchten lehrt*, erläutert.** Sicher-

* Abkürzung für *lesbian, gay, bisexual und transgender*, dt.: ›lesbisch, schwul, bisexuell und transgender‹.
** Der Originaltitel klingt noch besser: *Blueprint for Revolution: How to Use Rice Pudding, Lego Men, and Other Nonviolent Techniques to*

lich ist sie ausbaufähig und anfechtbar, doch da sie sich auf ausreichend umfangreiche empirische und praktische Forschungen stützt, sollten wir uns einen Augenblick lang mit ihr befassen. Denn sie betrifft genau die Frage, die uns jetzt beschäftigt: Wie kann man Hunderte, dann Tausende und schließlich Millionen von Menschen mobilisieren, und wie kann man ihnen helfen, sich selbst zu organisieren?

Oft beginnen die von Popović beschriebenen »Revolutionen« mit kleinen, leicht zu führenden Kämpfen, für die sich viele Menschen gewinnen lassen. Denn das ist eine der ersten Lektionen. Aus seiner Sicht begehen Aktivisten, Engagierte und andere Weltretter alle den gleichen Fehler: Sie versuchen, die Leute mit zu »großen Ideen« zu mobilisieren. Überwältigt von der Stärke ihrer Überzeugungen, lässt sich ein Teil von ihnen nicht davon abbringen, dass die anderen zur Vernunft kommen und sich auf ihre Seite schlagen werden, wenn sie ihnen nur aufrichtig erklären, wie katastrophal der Klimawandel ist, wie unmenschlich es ist, dass kleine Mädchen im Sudan beschnitten werden oder dass Arbeiter nicht mehr unter menschenunwürdigen Bedingungen für einen Hungerlohn und unter Missachtung der Menschenrechte arbeiten sollten, nur damit wir uns alle zwei Jahre iPhones und alle zwei Monate Klamotten bei H&M kaufen können. Aber wenn Sie es schon einmal mit dieser Methode versucht haben (und wenn Sie dieses Buch lesen, ist das sehr wahrscheinlich), dann haben Sie bereits gemerkt, dass das nicht funktioniert. Bestenfalls macht Ihr Gesprächspartner einen ehrlich reumütigen Eindruck, nickt mit dem Kopf und beteuert, dass er Ihre Meinung teilt. Es gelingt Ihnen schließlich, ihn dazu zu bringen, eine Online-Petition zu unter-

Galvanize Communities, Overthrow Dictators, or Simply Change the World.

schreiben oder den wütenden Post, den Sie verfasst haben, über Facebook oder Twitter zu teilen. Aber wenn Sie ihm vorschlagen, sich in einer Bewegung für den Kampf gegen den Klimawandel oder gegen die Beschneidung von Frauen zu engagieren und Smartphones zu boykottieren, kann man sich ziemlich sicher sein, dass Sie damit weniger Erfolg haben werden.

Aus Popovićs Sicht liegt das daran, dass die meisten Leute von ihrem stressigen Alltag voll beansprucht sind und dass die Hausaufgaben der Kleinen, die Einkäufe, die Tanzkurse oder das Fußballtraining, der Job etc. schnell wieder die Oberhand gewinnen. Diese Erklärung kommt noch zu der hinzu, die ich weiter oben angeführt habe: Unsere Zeit wird durch die Notwendigkeit vereinnahmt, »unseren Lebensunterhalt zu verdienen« und durch die Unterhaltung, die unsere Geräte uns bieten. George Marshall hat eine weitere, vollkommen komplementäre Erklärung. In seinem Werk *Don't Even Think About It: Why Our Brains Are Wired to Ignore Climate Change* untersucht er auch, welche Mechanismen unseres Gehirns aktiviert werden, wenn uns jemand von unüberschaubaren, angsteinflößenden Dingen erzählt. Wie ich bereits erläutert habe, besteht unser kognitiver Apparat aus zwei getrennten Teilen: einer linken ›Gehirnhälfte‹, die der Vernunft, der langfristigen, fortlaufenden Überlegung und dem rationalen Denken zugeordnet ist, und einer rechten, die für unsere Emotionen, die kurzfristige Steuerung, unsere Fähigkeit, uns im Raum zu orientieren, ganzheitliche Überlegungen und das Lernen zuständig ist.* Diese beiden »Gehirne« wägen ständig die Informationen, die wir erhal-

---

* Das ist nur eine schematische Erklärung. Auch wenn die Funktionen in der einen oder der anderen Gehirnhälfte verortet sind, ist während unserer Aktivitäten in Wirklichkeit das gesamte Gehirn aktiv, wie eine Studie aus dem Jahr 2013 belegt hat (Jared Nielsen u. a., »An Evaluation of the Left-Brain vs. Right-Brain Hypothesis with Resting State Func-

ten, gegeneinander ab und verarbeiten sie in der Hoffnung, die angemessenste Reaktion darauf zu finden. Dabei müssen regelmäßig Entscheidungen zwischen kurz- und langfristigen Gewinnen und Verlusten getroffen werden. Doch im Lauf unserer Entwicklung gewinnt unser emotionales Gehirn oft die Oberhand über das rationale Gehirn. Aus einem einfachen Grund: Es ermöglicht uns, mit Gefahren umzugehen. Ein Auto rast auf uns zu? Wir vergeuden nicht erst eine halbe Stunde damit, die Situation zu analysieren. Unser emotionales Gehirn löst sofort die Freisetzung von Adrenalin aus, das unseren Herzrhythmus beschleunigt, Zucker in unser Blut pumpt, unsere Muskeln mobilisiert, unseren Blick auf einen sicheren Ort lenkt, unsere Beine in Gang setzt und uns weglaufen lässt.

Was passiert also, wenn ich Ihnen erkläre, dass wir durch den Klimawandel, das Artensterben und die systematische Zerstörung der Ökosysteme auf eine Art ökologische Apokalypse zusteuern? Wenn ich suggestiv genug spreche und es schaffe, Ihnen Angst zu machen, stehen die Chancen gut, dass bei Ihnen der gleiche Fluchtreflex in Bezug auf diese Gefahr ausgelöst wird. Damit dieses unangenehme Gefühl aufhört, das Ihre Brust erfasst, Ihren Herzrhythmus verändert und Ihnen den Atem nimmt, wird sich Ihr Gehirn der Information entledigen und sie wegschieben, indem es sie als unglaubwürdig abtut oder sie vergisst. Sollte ich besonders langweilig argumentiert und Sie mit Zahlen oder wissenschaftlichen Studien erschlagen haben, werde ich Sie sicherlich gar nicht erreichen. Meine Ausführungen werden nur eine weitere abstrakte Information bleiben, die es in das einzuordnen gilt, was das rationale Gehirn ohnehin schon weiß, aber nicht glauben will. In beiden Fällen wird Ihr Gehirn,

tional Connectivity Magnetic Resonance Imaging«, in: *Plos One*, 14. August 2013.

wenn Sie mit der Möglichkeit des Handelns konfrontiert werden, den Ihnen gemachten Vorschlag abwägen und durch den Filter beider Hirnhälften laufen lassen. Angenommen, ich fordere Sie dazu auf, nicht mehr zu fliegen, damit Ihre Kinder in einer Welt aufwachsen können, in der die Temperaturen auch in 20 Jahren noch erträglich sind. Sie erwägen den Verlust auf kurze Sicht (nicht mehr fliegen) gegenüber einem hypothetischen Gewinn auf lange Sicht. Denn wie Ihnen Ihr rationales Gehirn einflüstern wird, ist keineswegs gesagt, dass Ihr Verhalten allein eine positive Auswirkung auf das Klima haben wird. Es ist auch ungewiss, ob Ihr Engagement ansteckend sein wird und alle Sie nachahmen werden. Weitere Faktoren schlagen zu Buche. Ihr rationales Gehirn wird (zweifelsohne zu Recht) hinzufügen, dass es effektiver wäre, wenn die Staaten ihre Treibhausgasemissionen regulieren würden. Und dass, während Sie sich zweifellos völlig vergeblich bemühen, andere weiterhin einen schönen Urlaub am anderen Ende der Welt verbringen, die Wunder dieser Welt entdecken, weiter mit dem Flugverkehr, dem Massentourismus etc. die Welt verschmutzen können – und damit sogar Geld verdienen. Und ich spreche noch nicht einmal von denjenigen, die die Existenz des Klimawandels gänzlich in Frage stellen.

Nehmen wir nun einmal an, dass Sie zufällig über ein Superangebot für eine Woche Urlaub in der Karibik mit Ihrem Liebsten stolpern. Zum halben Preis. Im Februar, in Paris, wo es gerade kalt ist, haben Sie seit Monaten keine Sonne mehr gesehen, Ihr Job kotzt Sie gerade an und Sie sind erschöpft. Was wird wohl der hypothetische Gewinn auf lange Sicht gegenüber dem großartigen Gewinn auf kurze Sicht wiegen? Was wird wohl aus der Information werden, die Sie abgespeichert haben: Einmal London – New York hin und zurück entspricht dem Verlust von drei Quadratmetern Packeis? Nichts. Oder jedenfalls nicht viel. Sie werden sie relativieren und beschließen, trotzdem diesen Flug zu buchen und dabei all die guten Gründe, die dafür sprechen, innerlich herunterbeten. Das gleiche wird sicherlich auch für das phantastische Roastbeef Ihrer Schwiegermutter gelten, für dieses neue Telefon, das Sie so dermaßen gerne hätten etc. Die meiste Zeit versucht unser Gehirn, uns im Gleichgewicht zu halten. Mithilfe von angenehmen, aufmunternden Erfahrungen wird es Frustrationen (z. B. wegen unserer Arbeit, die uns überlastet, unserer angeknacksten Beziehung oder unserer Kinder, die uns unsere gesamte freie Zeit rauben) und Sorgen (wie die ungewisse Zukunft, fehlendes Geld oder Unsicherheit) ausbalancieren. Es ist nicht dafür eingerichtet, eine theoretische, langfristige Antwort auf die großen Probleme zu entwickeln, denen wir gegenüberstehen. Die meiste Zeit sind wir davon überzeugt, dass das, was wir tun könnten, ohnehin sinnlos ist. Dass wir nur ein kleiner Tropfen im Ozean sind. Und unsere linke Gehirnhälfte wird noch so oft darlegen können (wie ich das weiter oben getan habe), dass aus kleinen Bächen große Flüsse werden: Diese Idee wird sich nur durchsetzen, wenn wir diese Erfahrung auch konkret machen.

Genau aus diesem Grund ist Popović's Theorie, die in anderen Worten auch der Schriftsteller und Aktivist Jonathan Kozol formuliert, von entscheidender Bedeutung: »Wählen Sie Kämpfe, die groß genug sind, um zu zählen, aber klein genug, um sie zu gewinnen«.[1] Und sie gilt nicht nur für kollektive Handlungen, sondern auch für unser tägliches Leben. Außerdem stimmt sie mit der Methode der kleinen Schritte überein, die die Japaner als *kaizen* bezeichnen. Letztere wird mit Erfolg sowohl in der Industrie (manchmal im Übrigen etwas unvermittelt) als auch in Verhaltenstheorien angewendet, wie Robert Maurer, Associate Professor an der medizinischen Fakultät der Universitäten von Los Angeles und Washington, in seinem Werk *Kleine Schritte, die Ihr Leben verändern: Kaizen für die persönliche Entwicklung* berichtet.[2]

Ein Hardcore-Aktivist wird auf diese Argumentation entgegnen, dass wir keine Zeit für kleine Schritte hätten, dass die Lage viel zu schlimm und ernst sei. Dass es zu spät sei. Doch gerade weil wir wenig Zeit haben, sind diese Ansätze von so grundlegender Bedeutung. Viele Erfahrungen zeigen, dass der Versuch, ein zu großes Ziel direkt in Angriff zu nehmen, zum Scheitern verurteilt ist. Eine Gesamtstrategie hingegen, die aus einer Folge kleiner Schritte, kleiner strategischer Ziele und kleiner Kämpfe besteht, die man gewinnen kann und tatsächlich gewinnt, kann schneller große Veränderungen bewirken.

Robert Maurer beschreibt die Problematik folgendermaßen: Was passiert, wenn Sie als Arzt einem übergewichtigen Patienten, der abnehmen möchte, vorschlagen, von heute auf morgen keine Chips, kein Fastfood und keinen Zucker mehr zu essen, dafür aber eine Stunde Sport am Tag zu machen? Natürlich werden Sie ihm erklärt haben, wie sehr seine Situation seine Gesundheit gefährdet, werden ihm von den Studien berichtet haben, die zeigen, dass sportliche Betätigung und die richtige Ernährung 40 Prozent der Krebserkrankungen verhindern können. Vielleicht werden Sie auch versucht haben, ihm Angst zu machen, ihm in leuchtenden Farben den Nutzen ausgemalt haben, den ihm sein neues Gewicht und seine wiedergefundene Gesundheit auf lange Sicht bescheren werden ... Und doch wird er, wenn er einen Monat später wiederkommt, nicht nur das nicht getan haben, was Sie ihm verordnet haben, sondern er wird zusätzlich von Schuldgefühlen geplagt und in seinem Selbstwertgefühl erschüttert sein. Vor lauter Scham und Frust wäre er sogar fast gar nicht mehr wiedergekommen. Wenn Sie ihm dagegen erst einmal nur vorschlagen, jeden Tag fünf Minuten Übungen beim Fernsehen zu machen, stehen die Chancen gut, dass es ihm gelingt, die Abmachung einzuhalten. Und dass die Befriedigung über diesen klitzekleinen Sieg und die Leichtigkeit, mit der er ihm gelungen ist, ihm die Energie und Zuversicht geben werden, als nächstes zehn Minuten Übungen pro Tag zu schaffen. Und dann 15 Minuten, und auf Schokolade beim Schauen der Lieblingsserie zu verzichten. Und so weiter.

Das gleiche gilt für die großen Kämpfe. In seinem Werk berichtet Srdja Popović von zahlreichen großen Siegen, die mit bescheidenen Herausforderungen begonnen haben.

Beispielsweise bestand auch Gandhis erster Schritt nicht darin, die Inder zur Revolte zu ermutigen und das britische Regime zu stürzen. Denn er wusste ganz genau, dass die Briten militärisch überlegen waren. Zusammen mit 78 Gefährten begann er stattdessen einen Marsch durch die Dörfer an die Küste seines Landes, um dort Salz zu ernten. Damit wollte er gegen die von den Briten eingeführte Steuer auf das bis dahin kostenlose Lebensmittel protestieren. Die 79 Aktivisten blieben allerdings nicht lange allein. Nach 385 Kilometern Fußmarsch waren sie 12 000 Menschen, die sich an den Ufern des Indischen Ozeans versammelten. Im ganzen Land kam es nun zu ähnlichen Märschen. Tausende Inder kamen ans Meer und sammelten friedlich das Salz, das die Natur ihnen stets kostenfrei geboten hatte. Das Symbol war außerordentlich gut gewählt. Denn Salz wurde nicht nur von einer bestimmten Bevölkerungsgruppe oder einer bestimmten Kaste verwendet. Alle brauchten es. Millionen Inder mobilisierten sich also, nicht um große Ideale zu verkünden, sondern um ein alltägliches, pragmatisches Bedürfnis zu stillen. Nachdem 80 000 wegen Ungehorsams ins Gefängnis geworfen worden waren (wo Gandhi neun Monate verbrachte), erkannte der Vizekönig, dass er das Gesetz nicht durchsetzen konnte, und hob es wieder auf. Gandhi hatte den Indern bewiesen, dass sie vereint und organisiert durchaus über Macht verfügten. Und als dieses erste Samenkorn erst einmal gepflanzt war, konnte er ihnen weitere Perspektiven eröffnen.

Harvey Milk wiederum war mit keiner britischen Kolonialmacht konfrontiert, sondern mit Vorurteilen, mit der Diskriminierung von Homosexuellen. Seit seiner Ankunft in San Francisco organisierte er unablässig Kampagnen und Aktionen zur Verteidigung ihrer Rechte. Trotz seines Charismas, seiner Intelligenz und seines Talents als Redner, und ungeachtet einiger wirksamer Aktionen, gelang es ihm nicht, mehr als eine kleine Gruppe von homosexuellen Aktivisten anzuwerben, die seinem Beispiel folgten. Genau das passiert meistens: Wir, die Aktivisten, sind besonders gut in der Kunst, die Menschen um uns zu scharen, die sowieso schon unserer Meinung sind. Leider hatten aber die anderen Bewohner der Stadt – die immerhin eine der progressivsten in den Vereinigten Staaten war – nicht die Absicht, sich für eine Sache zu engagieren, die ihnen gleichgültig war oder die sie sogar missbilligten. Selbst einige Homosexuelle oder Sympathisanten mochten einige Sorgen oder Vorbehalte hegen. 1973, als Milk zum ersten Mal für einen Sitz im Stadtrat kandidierte, galt Homosexualität immer noch bestenfalls als eine psychische Störung, und schlimmstenfalls als eine Straftat. Die Wähler des Landes waren noch nicht bereit dafür, Homosexuellen politische Verantwortung zu übertragen. Seine erste Kandidatur endete daher in einer bitteren Niederlage. Seine zweite im Jahr 1975 verschaffte ihm, trotz seines Scheiterns, eine gewisse Sichtbarkeit in der lokalen politischen Szene und führte dazu, dass der Bürgermeister ihn in seine Verwaltung berief. Doch Milk wollte gewählt werden. Er kandidierte daher für das kalifornische Unterhaus. Trotz einer erfolgreichen Kampagne verlor er erneut in einem Kopf-an-Kopf-Rennen (mit genau 4000 Stimmen zu wenig). Nach diesen drei Niederlagen änderte Harvey 1977 seine Taktik, als er gegen eine sehr populäre republikanische Kandidatin antrat. Er versuchte zunächst einmal herauszufinden, was bei den Mitbürgern seiner Stadt allgemeine Zustimmung fand.

Dafür studierte er auch die Umfragen, um *das* Thema ausfindig zu machen, in dem sich die Unzufriedenheit aller Bevölkerungsschichten bündelte. Und der gemeinsame Nenner, den er auftauchen sah, waren ... die Hundehaufen. Ob schwarz, weiß, heterosexuell, republikanisch, demokratisch, jung oder alt, die Bewohner San Franciscos hatten die Nase voll davon, dass ihre Bürgersteige und ihre Schuhsohlen ständig mit Hundekot verdreckt waren. Es musste also ein System organisiert werden, das die Stadt von dieser Plage befreite. Hinter diesem unkontroversen, pragmatischen, einfach zu erreichenden (manche würden sagen: demagogischen) Ziel also einte Harvey sie. Dank seines Gesetzesvorschlags, der breite Unterstützung fand und vorsah, dass die Besitzer der Hunde, die die verbotenen Hundehaufen hinterließen, ein Bußgeld zahlen mussten, gewann er die Wahl und wurde so das erste offen schwule Mitglied des Stadtrates im Land. Unterstützt vom Bürgermeister, den man bereits »den Bürgermeister von Castro«* nannte, konnte er seinen politischen Kampf auf die ganze Bevölkerung ausdehnen. So setzte er ein Gesetz durch, das jede auf sexueller Orientierung beruhende Diskriminierung verbot,** blockierte ein anderes, das es dem Staat erlaubt hätte, homosexuelle Studierende der Universität zu verweisen,*** und inspirierte Generationen von Aktivisten in den 1980er und 1990er Jahren.†

Essen nimmt oft eine zentrale Stellung in Popovićs Geschichten ein, so wie in der von Itzik Alrov, einem orthodo-

---

* Berühmtes Schwulenviertel in San Francisco, in dem Harvey Milk wohnte.
** Die *New York Times* bezeichnete das Gesetz als »das strikteste und umfassendste des ganzen Landes«.
*** »Proposition 6«.
† Dabei möchte ich nicht unerwähnt lassen, dass seine traurige Ermordung ebenfalls zu seiner Bekanntheit und seiner Stellung als Märtyrer der Schwulenbewegung beitrug.

xen israelischen Juden. Empört über die steigenden Lebenshaltungskosten in seinem Land, das lange eine Politik der unregulierten Privatisierung betrieben hatte, beschloss der Versicherungsmakler, auf Facebook einen Boykott von Hüttenkäse zu starten, einem Grundnahrungsmittel, das man praktisch in jedem Haushalt Israels findet. Da der Staat dessen Subventionierung abrupt gestrichen hatte, hatte sich der Preis verdoppelt. Dank Blogs, Medien, der schnellen Informationsweitergabe durch soziale Netzwerke, aber auch aufgrund der fehlenden Weitsicht der großen Molkereikonzerne, die den Hüttenkäse verkauften – und weil dieser kleine Becher Frischkäse ein einfaches und konkretes Symbol darstellte –, schlossen sich innerhalb weniger Monate Hunderttausende Menschen dem Boykott an, bis die Unternehmen einknickten. Sie waren gezwungen, den Preis für den begehrten Hüttenkäse von acht auf fünf Schekel zu senken. Und dieser erste Sieg inspirierte eine der wichtigsten sozialen Bewegungen des Landes. Ähnlich war es auf den Malediven, wo die Revolutionäre das Versammlungsverbot umgehen konnten, indem sie öffentliche Verteilungen von Reispudding organisierten (der dort ebenfalls ein Grundnahrungsmittel ist). In den von der Armee überwachten Warteschlangen wurde die Revolution organisiert, die die Machthaber stürzte.

Auch Rob Hopkins, der Gründer von Transition Network, erzählt,[3] wie eine Gruppe in England, die versuchte, eine *transition town* zu starten, jämmerlich bei dem Versuch scheiterte, das Interesse der Leute für ihr Vorhaben zu wecken. Bis zu dem Tag, an dem sie sich die ehrliche Frage stellte: »Was interessiert wirklich alle, oder fast alle? Die Klimaerwärmung? Der Peak Oil [der Zeitpunkt, an dem das Maximum der Förderkapazität erreicht ist]?« Es war ziemlich klar, dass niemand wegen einem dieser beiden Themen bei drei auf den Marktplatz oder zu einer Informationsversammlung stürmen würde. Ein anderes Thema hingegen würde vielleicht ein solches Wunder bewirken: Bier. Also startete die Gruppe das Projekt einer lokalen Mikrobrauerei. Und wie von Zauberhand kam eine Menschenmenge zusammen. Sie organisierten eine Spendenaktion und boten den Bewohnern an, Anteile zu kaufen. Getragen von diesem ersten Elan interessierte sich die Gruppe danach für die Idee der Rückverlagerung der Nahrungsmittel-, Energie- und Wirtschaftsproduktion auf die lokale Ebene und folglich ... für den Wandel ihrer Stadt.

Indem sie sich zunächst auf kleine Ziele konzentriert hatten, mit denen sich viele Menschen mobilisieren ließen, konnten unsere angehenden Revolutionäre erste Siege verbuchen, die der Gruppe das nötige Selbstvertrauen und den Elan gaben, um größere Herausforderungen in Angriff zu nehmen.

Ist dieser erste Schritt erst einmal geschafft, schlägt Popović zahlreiche weitere vor, um eine kollektive, von den Massen getragene Aktion konsequent zu Ende zu führen. Das sind seine neun Prinzipien:

1. Groß denken, aber klein anfangen.
2. Eine »Vision für morgen« entwickeln, die in der Lage ist, viele Menschen zusammenzubringen (mit anderen Worten: das Narrativ, von dem wir seit Beginn dieses Buches sprechen).
3. Herausfinden, auf welche Säulen sich die Macht stützt.
4. Mit Humor arbeiten.
5. Unterdrückungsmechanismen aushebeln (zum Beispiel, indem man einflussreiche Personen überzeugt, die in der Lage sind, die öffentliche Meinung zu drehen).
6. Die verschiedenen Strömungen, aus denen sich Ihre Bewegung zusammensetzt, einen (eine gute Bewegung ist heterogen und setzt sich aus Personengruppen zusammen, die einander normalerweise nicht treffen).

7. Eine klare Strategie entwerfen, Schritt für Schritt, bis hin zu dem Ziel, das Sie sich gesetzt haben (ein großer Sieg entspricht einer Kette vieler kleiner Siege).
8. Sich für Gewaltfreiheit entscheiden.
9. Konsequent zu Ende führen, was Sie begonnen haben.[4]

Man kann diese neun Punkte ausführlich in Popovićs Werk nachlesen, doch ich möchte mich hier gern auf einige Punkte konzentrieren.

Zuerst auf die Säulen der Macht. Wenn man ein System stürzen möchte, so mächtig es auch sein mag, ist es notwendig, gut zu verstehen, worauf es basiert, um unsere Aktion so strategisch wie möglich auszurichten. Worauf beruht also unser liberales, kapitalistisches System? Aus meiner Sicht auf drei Hauptsäulen, die ich bereits ausführlich erörtert habe und die ich daher nur noch einmal kurz in Erinnerung rufe.

Da ist als erstes die wirtschaftliche und finanzielle Säule. Dank ihrer beträchtlichen finanziellen Mittel sind die Milliardäre, multinationalen Konzerne, Großbanken und Bosse jedweder Art in der Lage, unsere Gesellschaften zu lenken oder jede politische Entwicklung zu behindern. Google, Apple, Amazon und ihre chinesischen Entsprechungen haben in vielerlei Hinsicht mehr Einfluss, um der Welt eine Richtung vorzugeben, als zahlreiche Präsidenten, Kanzlerinnen oder Premierminister. In diesem Zusammenhang spielt der Mechanismus der Geldschöpfung als Rahmenbedingung eine entscheidende Rolle, wenn es darum geht, dass diejenigen, die das meiste Geld besitzen, ihre Vermögen bewahren.

Als zweites folgt die Säule der Kommunikation und des Narrativs. Da, wie ich bereits ausführlich erläutert habe, der Großteil der Bevölkerung weiter dem bekannten Narrativ anhängt, stimmen die Wähler weiterhin für dieselben Parteien, spielen das Spiel der Demokratie in ihrer aktuellen

Form mit und kaufen die Produkte der großen Unternehmen. Dieses Narrativ wird durch die Medien gestützt und verstärkt (die in Frankreich mehrheitlich zehn Milliardären* gehören, die damit natürlich auch das Narrativ verbreiten wollen, auf dem ihr Erfolg beruht). Außerdem gibt es kulturelle Produktionen, Kommunikationsmittel und die Rahmenbedingungen der Benutzeroberflächen und Algorithmen, die unsere Aufmerksamkeit binden, uns mit Werbebotschaften überhäufen, uns unterhalten und letztendlich unsere Entscheidungen lenken. Das Kino, über das ich noch kaum gesprochen habe, hat seit seiner Popularisierung eine grundlegende Rolle bei der Stärkung dieser Säule gespielt. Der NS-Propagandaminister Joseph Goebbels hat reichlich Gebrauch davon gemacht, um das Nazi-Regime zu glorifizieren. Adolf Hitler, der sich der Vorrangstellung des emotionalen Gehirns gegenüber dem rationalen Gehirn sehr bewusst war, erklärte im Übrigen:

> Gerade darin liegt die Kunst der Propaganda, dass sie, die gefühlsmäßige Vorstellungswelt der großen Masse begreifend, in psychologisch richtiger Form den Weg zur Aufmerksamkeit und weiter zum Herzen der breiten Masse findet [...] Größere Aussicht besitzt schon das Bild in allen seinen Formen, bis hinauf zum Film. Hier braucht der Mensch noch weniger verstandesmäßig zu arbeiten; es genügt zu schauen.[5]

Josef Stalin missbilligte das keineswegs und gestand einmal: »Das Kino ist das erfolgreichste Werkzeug zur Agitation der Massen. Unser einziges Problem besteht darin, dieses Werk-

---

* Ihr Einfluss erstreckt sich auf 90 Prozent der verkauften Zeitungen, 55 Prozent Anteile am Fernsehpublikum und 40 Prozent der Radiozuhörer (Agnès Rousseaux, »Le pouvoir d'influence délirant des dix milliardaires qui possèdent la presse française«, in: *Bastamag*, 5. April 2017).

zeug fest unter Kontrolle zu halten.« Die Amerikaner, die all das perfekt verstanden hatten, stellten das Kino ins Zentrum der Verhandlungen über den Marshall-Plan. Eric Johnston, Präsident der amerikanischen Handelskammer und der Motion Picture Association of America (es ist aufschlussreich, dass er diese beiden Funktionen zugleich innehatte), wurde 1947 während der Verhandlungen über die Modalitäten des Marshall-Plans nach Frankreich entsandt. Im Gegenzug für Milliarden für den Wiederaufbau verlangte er die Verfügungsgewalt über 60 Prozent der Übertragungsrechte auf europäischen Bildschirmen. Auf diese Weise wollte er dort die amerikanische Kultur etablieren: Coca-Cola, Jeans, Supermärkte, Autos, Einfamilienhaus in der Vorstadt, Konsumwahn, den amerikanischen Traum … Er erklärte im Übrigen vor dem Komitee für unamerikanische Umtriebe: »Das amerikanische Kino ist und muss immer mehr eine Waffe im Kampf gegen den Kommunismus sein.« Und, was sich von selbst versteht, zugunsten des Kapitalismus.[6]

Als drittes zu nennen ist die Säule der Repression. Noch immer sind die Staaten in der Lage, eine Revolution oder eine Reformbewegung mithilfe von Armee, Polizei, Massenüberwachung und freiheitsfeindlichen Gesetzen niederzuschlagen. Eine Situation, der man für gewöhnlich in diktatorischen Regimen begegnet, die aber auch – in Gestalt von Maßnahmen, die natürlich insgesamt nicht vergleichbar sind – während der Proteste der Nuit debout in Frankreich oder von Occupy Wall Street in den Vereinigten Staaten zum Ausdruck kam. Die polizeilichen Repressionen und die Freiheitseinschränkungen (von denen einige zu Gesetzen wurden[7], wie etwa der Patriot Act in den Vereinigten Staaten nach dem 11. September 2001) haben eine nicht zu vernachlässigende Rolle beim Niedergang der beiden Bewegungen gespielt, Hand in Hand mit deren mangelhafter Organisation, auf die ich weiter unten noch eingehen werde. Der von

Edward Snowden enthüllte Skandal um die Datensammlung und ihre mögliche Nutzung durch die allmächtige Nationale Sicherheitsbehörde (NSA) in den Vereinigten Staaten hat uns einen Vorgeschmack darauf gegeben, was uns in Zukunft diesbezüglich erwartet. Es ist heute sehr einfach, sich Zugang zu den Inhalten Ihrer Emails, Telefongespräche, SMS oder Nachrichten in den sozialen Netzwerken zu verschaffen; es ist sogar möglich, aus der Distanz eine Verbindung zum Mikrofon oder zur Kamera Ihres Rechners oder Ihres Telefons herzustellen, Sie zu beobachten oder einen kleinen Film von Ihren Tätigkeiten aufzunehmen. In China kann ein Computerprogramm dank 170 Millionen Überwachungskameras mit künstlicher Intelligenz, die mit einer Software zur Gesichtserkennung vernetzt sind, binnen weniger Sekunden verdächtige Individuen erkennen, lokalisieren und ihre Bewegungen verfolgen.[8] Bis 2020 plant die Regierung, 600 Millionen weitere Kameras zu installieren. Seit kurzem sind auch die Polizisten mit Brillen ausgerüstet, die die gleiche Funktion haben.[9] Das Modell der unteren Preisklasse zu 515 Euro wurde auch von den Vereinigten Staaten und Japan geordert. Diese Ortung von Individuen ist ohnehin bereits möglich, über die Chips unserer Telefone und das GPS-System in unseren Smartphones. Seit einigen Jahren kann man außerdem Menschen Chips von der Größe eines Reiskorns unter die Haut pflanzen. Die Verwendungsmöglichkeiten dieser Chips reichen von der Datensammlung (für unsere medizinische Akte, unsere Ausweispapiere, unsere Dauerkarten) über den Zahlungsverkehr (wir können sie wie eine kontaktlose Kreditkarte benutzen), die medizinische Nutzung (als Herzschrittmacher, als Sonde zur Analyse unseres Blutes, unseres Blutdrucks usw.) bis hin zur Haustechnik (man kann damit das Licht oder die HiFi-Anlage in einem Zimmer einschalten, eine Tür öffnen ...). PayPal, der Riese auf dem Gebiet der Online-Zahlung, arbeitet an einer Pille, die man nur einmal schlucken muss, um das Eingeben von Passwörtern überflüssig zu machen. »Als ›Implantierte‹ werden wir nicht nur auffindbar, sondern auch hackbar«, berichtet der Journalist Guillaume Grallet, der den Chip eine Woche lang getestet hat.[10] Was einige für eine großartige Innovation halten, wird zum wirksamsten möglichen Mittel der Kontrolle werden. Was geschieht wohl, wenn unsere Bank beschließt, unser Konto zu sperren, unsere Versicherung entscheidet, unseren Beitrag zu erhöhen oder unseren Vertrag zu kündigen, oder unser Pass an den Grenzen eingezogen wird, weil wir von der Regierung als gefährliche Dissidenten betrachtet werden? Es ist sogar schon gelungen, Herzschrittmacher zu hacken. Was potenziell bedeutet, dass wir auch ›ausgeschaltet‹ werden könnten. Das ultimative Mittel der Kontrolle und Repression.

Ich habe bereits Strategien angedeutet, mit denen man die Säulen des Geldes und des Narrativs angreifen kann. Gegenüber der »militärischen« Säule empfiehlt Popović, auf Gewaltfreiheit und die Wirkung einer großen Menschenmenge zu setzen. Jede Gruppe wird, wenn sie den Weg der Gewalt beschreitet, unweigerlich von Armee und Polizei geschlagen werden. »In einem gewaltfreien Kampf ist die einzige Waffe, über die Sie verfügen, die Anzahl der Menschen«, schreibt er. Gewaltfreiheit ist gleichzeitig auch das beste Mittel, um eine breite Unterstützung zu erzielen, wie die indische Aktivistin Vandana Shiva resümiert: »Wir können es uns nicht mehr erlauben, nur eine kleine Gruppe zu sein, eine sehr gute Untergrundarmee, die jedoch nur sehr wenige Mitglieder umfasst. Wenn Sie den Kreis der engagierten Personen erweitern wollen, ist Gewaltfreiheit der richtige Weg. Die meisten Menschen streben weder Gewalt noch Chaos an.«[11] Und es waren tatsächlich überwiegend gewaltfreie Strategien unter Beteiligung sehr großer Menschenmengen, mit denen die Isländer, Ägypter, Tunesier, Inder oder Serben während ihrer jeweiligen Revolutionen (vorübergehend) Erfolg hatten, ebenso wie Martin Luther Kings Bürgerrechtsbewegung in den Vereinigten Staaten. Eine ganze Reihe von ihnen werden in Gene Sharps großem Klassiker der gewaltfreien Revolution *Von der Diktatur zur Demokratie* beschrieben, der Popović und seine Freunde stark inspiriert hat.[12]

Die zwei anderen der neun Punkte der von Popović vorgestellten Methodologie, die ich in aller Kürze ansprechen möchte, sind die Nummer 7: »Eine klare Strategie entwerfen«, und die Nummer 9: »Konsequent zu Ende führen, was Sie begonnen haben«. Unserem serbischen Revolutionär zufolge scheitern viele Bewegungen mit ihren revolutionären Vorhaben daran, dass sie das angestrebte Ergebnis nicht klar genug definiert haben oder daran, dass sie sich in einer … nun ja, unorganisierten Organisation verzettelt haben. Die arabischen Revolutionen sind ein typisches Beispiel für ein schlecht ausgelotetes Ziel. Einmal auf den Straßen, setzten sich die verschiedenen Bewegungen zum Ziel, die Diktatoren zu stürzen. Doch dabei handelte es sich in Wirklichkeit nur um ein Etappenziel. Das finale Vorhaben dieser Bewegungen bestand darin, ein demokratisches Regierungssystem zu etablieren. Doch weil sie zu früh aufhörten, hatten sie keinen Plan für das »Danach« ausgearbeitet. Nachdem Mubarak und Ben Ali gestürzt waren, war keine fertige Strategie zur Hand. Da die Natur das Vakuum verabscheut, waren diejenigen, die die Macht übernahmen, wie immer die am besten Organisierten: Die Muslimbrüder in Ägypten (bevor das Militär wieder das Sagen übernahm) und die westlich orientierten Kräfte in Tunesien. Ich konnte mich mit einem der Mitarbeiter von Präsident Moncef Marzouki unterhalten, der mir von der Verwirrung im Kabinett kurz nach seiner Ernennung berichtete. Niemand wusste so recht, was zu tun war. In Ermangelung von Alternativen ließ man sich im Hinblick auf die politische Ausrichtung daher vom Westen ›inspirieren‹, in erster Linie von Frankreich.

Occupy Wall Street und seine kleine Schwester Nuit debout sind ihrerseits anschauliche Beispiele für das Erlahmen einer Bewegung. Nachdem der anfängliche Elan atemberaubend gewesen war und zum ersten Mal seit Jahrzehnten junge Leute auf die Plätze geströmt waren, Räume für den Dialog und das Nachdenken über die Gesellschaft eröffnet und neue Formen der Agora, der öffentlichen Versammlung und der demokratischen Arbeitsweisen eingeführt hatten, erschöpfte sich mangels einer Strategie (deren Abwesenheit im Übrigen als Freiraum praktisch eingefordert wurde) am Ende die Dynamik. Eine Bewegung braucht Reflexion und Geselligkeit, aber gleichzeitig auch Aktionen und Siege, um ihren Enthusiasmus und ihre Entschlossenheit am Leben zu halten. Endlose Diskussionen in der Kälte, Erstürmungen durch die Ordnungskräfte und Zermürbung durch das Zusammenleben und seine Konflikte sind Widrigkeiten, mit denen man rechnen muss ... Egal um welchen Konflikt oder welche Auseinandersetzung es sich handelt: Den Sieg tragen immer diejenigen davon, die sich am besten zu organisieren wissen. Gleiches gilt im wirtschaftlichen Bereich. Die multinationalen Konzerne sind sehr häufig besser organisiert und daher stärker als die Interessenvertretungen der kleinen Händler; die Polizei und das Militär sind besser organisiert als die Demonstranten, und die Lobbyisten der Wall Street oder in Brüssel sind um Längen besser organisiert als die NGOs ...

Darüber hinaus hatten Occupy und Nuit debout keine klar definierte »Vision für Morgen«. Die beiden Bewegungen waren mehr mit der Bekämpfung und Anprangerung des gegenwärtigen Modells beschäftigt als damit, ein starkes neues Narrativ zu entwickeln. In Anbetracht der Spontaneität des Anfangs hatte niemand eine ernsthafte Strategie entworfen,

die in aufeinanderfolgende, erreichbare Schritte unterteilt
gewesen wäre, um die strategischen Säulen der Macht zu Fall
zu bringen. Oder, falls einige solche Strategien entwickelt
haben sollten, war die Umsetzung mangelhaft.

Und noch etwas: Wer am Place de la République in Paris
oder am Zuccotti Park in New York vorbeilief, konnte sich
kaum des Eindrucks erwehren, dass die Teilnehmer alle eine
gewisse Ähnlichkeit aufwiesen. Natürlich waren Mütter genauso vertreten wie Rentner oder junge Leute, mit den un-
terschiedlichsten Berufen. Doch am Place de la République
traf man hauptsächlich auf weiße Leute aus der Mittelschicht
und aus dem Umkreis von Aktivisten. Den beiden Bewegungen ist es nicht gelungen, eine Einheit aus den sehr unterschiedlichen Teilen der Gesellschaft herzustellen: den Bewohnern der Problemviertel, denen der bürgerlichen Viertel,
den Gläubigen und den Gewerkschaften ...

Das Gleiche gilt für die meisten Strategien von Aktivisten,
die sich für das Klima, für die Artenvielfalt oder gegen Be-
nachteiligungen einsetzen. In der Regel sind sie spezialisiert,
vertreten nur einen Teil der Gesellschaft und agieren bisweilen zwar spektakulär, aber ohne langfristige Vision. Es
fehlt ihnen an Führung, und vor allem gibt es selten eine
Zusammenarbeit zwischen Abgeordneten, Unternehmern
und Bürgern.

Im Gegensatz dazu hat sich jeweils ein Teil der Führer der
spanischen Bewegung 15M und der Indignados, der ›Empör-
ten‹, die einen größeren Teil der Bevölkerung um sich scharen
konnten, schnell der Politik zugewendet: Neben der Grün-
dung der Partei Podemos, die bei den Wahlen noch beschei-
dene Erfolge aufweist, ist insbesondere die Dynamik der Re-
bellenstädte in Spanien wie Barcelona, Madrid, Valencia und
Saragossa bemerkenswert, deren (oft weibliche) Bürgermeister spannende politische Innovationen bewirkt haben.[13]

Was uns zu einem neuen Punkt führt: Auf welcher Ebene sollten wir diese Strategien des Wandels umsetzen?

Die Idee, dass sich Städte schneller wandeln könnten als ganze Staaten und zum Schauplatz einer kulturellen »Revolution« werden könnten, scheint mir eine ernstzunehmende Fiktion zu sein. Die US-amerikanische Aufkündigung des Pariser Klimaabkommens illustriert das besonders eindrücklich.

Angesichts eines dummen und unreifen Präsidenten, der schimpfte, er sei zur Verteidigung der Bewohner von Pittsburgh und nicht von Paris gewählt worden, haben die Amerikaner und die Bewohner der restlichen Welt (der Klimawandel macht ja nicht an Ländergrenzen Halt), Dutzende Bürgermeister und Gouverneure sehr schnell erwidert, dass sie das Abkommen lokal durchaus umsetzen und sogar versuchen würden, darüber hinauszugehen. Bereits Dutzende Städte und drei Bundesstaaten (Washington, Kalifornien und New York), in denen mehr als 68 Millionen Amerikaner leben, haben sich dazu verpflichtet. Parallel zu dieser spontanen Bewegung haben weitere Initiativen in den vergangenen Jahren den gleichen Weg eingeschlagen. Der Bürgermeister von Los Angeles hat die Gruppe »Under 2« ins Leben gerufen, die so viele Regionen wie möglich dafür gewinnen soll, alles zu tun, um unter der schicksalhaften 2-Grad-Grenze zu bleiben. Bis heute haben 175 Gemeinschaften in 35 Ländern und auf sechs Kontinenten unterzeichnet. Fast 1,2 Milliarden Menschen leben auf einem der Territorien, deren Magistrat sich verpflichtet hat, dieses Ziel einzuhalten. Die Vorsitzende der C40,* Anne Hidalgo, die gleichzeitig Bürgermeisterin von Paris ist, steht an der Spitze einer Bewegung von Bürger-

---

* In der C40 oder Cities Climate Leadership Group haben sich ursprünglich die 40 weltweit größten Ballungsräume zusammengetan, um Maßnahmen gegen den Klimawandel zu ergreifen. Mittlerweile sind es über 90 …

meistern großer Ballungszentren weltweit (mittlerweile beteiligen sich über 90), die ebenfalls fest entschlossen sind, die sozialen und ökologischen Probleme anzugehen. Am 23. Oktober 2017 haben sich Paris, London, Barcelona, Quito, Vancouver, Mexiko, Kopenhagen, Seattle, Kapstadt, Los Angeles, Auckland und Mailand dazu verpflichtet, bis 2030 große Bereiche ihrer Städte in »Null-Emissions-Zonen« zu verwandeln.[14] Paris hat sich zum Ziel gesetzt, 2050 komplett CO_2-neutral zu sein, und dazu eine detaillierte Studie vorgelegt. Außerdem hat die Hauptstadt ein echtes Narrativ dazu vorgestellt, was in den kommenden Jahrzehnten aus ihr werden könnte.[15] Dasselbe gilt für Oslo, Stockholm, San Francisco, Sydney, Yokohama, Berlin, Rio de Janeiro, London und zahlreiche Mitglieder der Allianz der klimaneutralen Städte, die ihre Treibhausgas-Emissionen bis Mitte des Jahrhunderts um 80 bis 100 Prozent reduzieren wollen.* Um diesen Wandel zu finanzieren, hat die Stadt New York am 10. Januar 2018 ein Gerichtsverfahren gegen die Mineralölkonzerne ExxonMobil, Chevron, BP, Shell und ConocoPhillips angestrengt, in dem sie von ihnen Entschädigungen für die vom Klimawandel verursachten Schäden auf ihrem Territorium verlangt. Gleichzeitig haben die Stadtverwaltung und der Bundesstaat New York eine Desinvestition von fossilen Brennstoffen eingeleitet, die sich bis 2022 auf mehr als fünf Milliarden Dollar belaufen könnte. Laut der NGO 350.org haben weltweit bereits mehr als 800 Institutionen (Verwaltungen, religiöse oder philanthropische Organisationen, Universitäten, kulturelle Einrichtungen usw.) die Entscheidung getroffen, nicht mehr in fossile Brennstoffe zu investieren.

---

* Auch wenn sich die vorgeschlagenen Lösungen noch sehr auf wenig nachhaltige technologische Antworten (digitale, Sonnenkollektoren, High-Tech) stützen, ist doch der Wille vorhanden. Bleibt also, Innovationen einzuführen, um in die zuvor beschriebenen Mechanismen vom Typ der Symbiotischen Wirtschaft einzusteigen.

Stattdessen haben sie mehr als sechs Milliarden Dollar in andere Geschäfte gesteckt, von denen sie hoffen, dass sie umweltfreundlicher sind.[16]

Nach einem UN-Bericht lebt mittlerweile mehr als die Hälfte der Weltbevölkerung in Städten, die für 70 Prozent der Treibhausgasemissionen verantwortlich sind. Ihre Rolle und Macht in diesem Bereich sind von entscheidender Bedeutung.[17]

Doch statt dass jeder isoliert handelt, setzen sich Vertreter dieser Regionen zusammen und organisieren erste Schritte einer kollektiven, konzertierten Aktion – in gewisser Weise ist das der Beginn von *governance*, von Führung. Und wenn sich nun die Städte organisieren und die Staaten beiseitelassen würden? Was würde passieren?

Könnte ein flexibles Bündnis aus Städten, das jeder Stadt die Freiheit ließe, seine eigene Politik zu gestalten, sich jedoch auf große gemeinsame Ziele verständigen würde, den Wandel unserer Gesellschaften erfolgreicher voranbringen als die oft gelähmten Nationalstaaten? Man darf sich ernsthaft diese Frage stellen. Denn was blockiert letztendlich unsere Staaten? Die Unmöglichkeit, es allen recht zu machen, der maßlose Einfluss der multinationalen Konzerne und ihrer Lobbyisten, die institutionelle Schwerfälligkeit, die Bürgerferne der Abgeordneten, das Desinteresse oder das wachsende Misstrauen der Bürgerinnen und Bürger? Ohne Zweifel ist es von allem ein bisschen. Demgegenüber sind die Städte, Metropolen und Ballungsgebiete beweglicher, die Abgeordneten regieren Orte, an denen sie auch leben, die Männer und Frauen, die wählen gehen, können sich direkter in die lokalen Entscheidungs- und Umsetzungsprozesse einmischen. Die Zusammenarbeit zwischen Abgeordneten, Bürgern und Unternehmern ist deutlich einfacher zu organisieren. Folglich können sehr viel ehrgeizigere Maßnahmen und Strategien in Angriff genommen werden. Denn was hat bei Lichte besehen das Leben der Bewohner von San Francisco, Paris oder Kopenhagen in diesen vergangenen 20 Jahren am stärksten verändert: die nationalen Maßnahmen und Strategien oder die lokalen Maßnahmen und Strategien? Vielleicht könnte eine glaubhafte Fiktion eine Mischform entwerfen, in der die Staaten die Garanten für Institutionen, Sicherheit, soziale Absicherung und Gleichheit wären und die Regionen wiederum an der Spitze des gesellschaftlichen Wandels stünden. Jedenfalls sollte man diese Fiktion gründlich und konsequent prüfen.

Wie gesagt: In jedem der angesprochenen Beispiele ist die Fähigkeit, Menschen jenseits der üblicherweise engagierten Kreise zu mobilisieren, Aktionen zu organisieren und Zusammenarbeit zu ermöglichen, von entscheidender Bedeutung. Immerhin kann eine Handvoll gut organisierter Personen die Oberhand über Millionen Menschen gewinnen, die es nicht sind. Genau so funktioniert die Welt seit Jahrhunderten. Doch das ist kein unabwendbares Schicksal. Dank der Möglichkeiten, die das Internet uns bietet, um uns zu vernetzen, können wir unsere gesellschaftlichen, politischen und wirtschaftlichen Strukturen nachhaltig verändern. Doch dafür müssen wir eine Fiktion entwickeln, die die Zusammenarbeit und den Altruismus zu zentralen Werten erhebt.

Die Stunde der Entscheidung

In gewisser Weise ist die Frage, die uns hier beschäftigt, zutiefst metaphysisch. Welchen Sinn verleihen wir unserem Dasein auf diesem Planeten? Keineswegs ist gesagt, dass es einen vorbestimmten transzendenten, übergeordneten Sinn gibt; dass eine höhere Macht am Werk ist, die das Leben ordnet, sodass es einem klar vorgezeichneten Pfad der Entwicklung folgt. Vielleicht gibt es eine solche höhere Macht durchaus. Bei der Erforschung des Lebendigen, vom unendlich Kleinen bis zum unendlich Großen, kommen viele Wissenschaftler ins Rätseln und Staunen. Es reicht, einmal Schneeflocken aus der Nähe zu betrachten, um die Mischung aus Verblüffung und Bewunderung zu spüren, die eine solche Vollkommenheit auslöst. Die Menschen haben deshalb schon seit jeher die großen Fragen gestellt: nach den Kräften, die in den vielfältigen genialen und unendlich komplexen Prozessen am Werk sind, aber auch nach dem Ursprung dieser unendlichen Struktur des Universums, die unser Geist gar nicht erfassen kann. Ein großer Teil unseres Handelns ist eine unbewusste Fortsetzung dieses Strebens und unstillbaren Verlangens, zu verstehen, wer wir sind, woher wir kommen und wohin wir gehen. Das Bewusstsein unserer Endlichkeit birgt ja eine gewisse Absurdität. Warum wurde uns die Fähigkeit gegeben, zu leben und gleichzeitig zu wissen, dass wir sterben werden? Verdanken wir diese Besonderheit – das Denken, die Reflexion, das Bewusstsein und damit die Sprache – einem Virus, wie unlängst eine Studie vermutete?[1] Oder den Zufällen der Evolution? Ist sie das Ergebnis eines göttlichen Plans? Verleiht sie uns eine besondere Verantwortung gegenüber anderen Arten, wie es einige Religionen ganze Generationen gelehrt haben? Kein wissenschaftlicher Beweis ist imstande, dieser Debatte ein Ende zu setzen. Als sprachbegabte Wesen haben wir Menschen jedoch die Macht, unserem Dasein selbst einen Sinn zu verleihen. Darum bemühen sich die religiösen Traditionen und die politischen Systeme seit Jahrhunderten. Genau das haben die Apostel des Kapitalismus, des Materialismus und des Konsumdenkens ihrerseits getan, indem sie eine weltweite Zivilisation geschaffen haben, die heute am Rande eines Kollapses steht. Dasselbe machen die Verfechter des Transhumanismus, wenn sie uns vorgaukeln, der Mensch sei bald in der Lage, sich über die Grenze des biologischen Todes hinwegzusetzen und sein Gehirn mithilfe von implantierten Chips und Elektroden so zu verbessern bzw. zu stimulieren, dass er neue Bewusstseinszustände erreichen und Aufgaben erfüllen kann, die *Homo Sapiens* sich nicht hätte träumen lassen. Und schließlich bemühen sich auch die ökologischen Bewegungen oder die Bewegungen für Menschenrechte darum, diesen Sinn zu stiften, wenn sie eine Welt entwerfen, in der wir mit dem Rest der Natur harmonieren, uns von ihr inspirieren lassen, aus ihr neue Kraft schöpfen und in der ein Gleichgewicht zwischen allen Lebewesen herrscht.

Wir müssen uns entscheiden und stehen zweifellos an einem der wichtigsten philosophischen Scheidewege in der kurzen Geschichte unserer Spezies. Welches Narrativ wollen wir starkmachen?

Um diese Frage zu beantworten, ist es meiner Ansicht nach notwendig, eine weitere Frage zu stellen: Wo in uns entstehen diese Geschichten? Können wir sie bewusst erzeugen oder sind sie die Summe von Reizen, von geistigen und sinnlichen Erfahrungen, die durch uns hindurchfließen, unser Gedächtnis und unser Unterbewusstsein überfrachten sowie unsere Sinne überwältigen? Sollten wir, wenn Letzteres der Fall ist, nicht besser selbst entscheiden, welche Erfahrungen durch uns hindurchfließen? Wenn unser Körper das Instrument unserer Wahrnehmungen und die Realität um uns herum ein riesiges Vibrationsfeld ist, ist es sicherlich nicht unbedeutend, welcher Realität wir ihn aussetzen. Können in ihm überhaupt Visionen von einer anderen Welt entstehen, wenn wir ihn dem Lärm der U-Bahn-Züge, der Strahlung der Smartphones oder den Abgasen des Straßenverkehrs aussetzen, wenn wir ihn unablässig über unsere zahlreichen Kommunikationsinstrumente mit Informationen vollstopfen, ihn in die städtische Hektik schicken und ihn mit Arbeit abstumpfen, die unsere Sensibilität, unsere Kreativität und unseren freien Willen nicht anregt? Ich glaube nicht. Wir brauchen Stille. Müssen unseren Atem spüren, müssen beständig auf die Signale achten, die unser Körper aussendet, ebenso wie auf die Nahrung, die wir zu uns nehmen. Wir müssen in die Natur hinausgehen, mit den Bäumen, der Erde, den Weiten des Himmels in Kontakt treten, müssen den Geschöpfen begegnen, die Seite an Seite mit uns diese Erde bevölkern. Und das gilt nicht nur für die Tiere, sondern auch für die Menschen, die unsere Kultur und unsere Ansichten über die Welt nicht teilen. Wie können wir erwarten, auch nur ein wenig Empathie zu entwickeln und die anderen um uns herum zu verstehen, wenn unsere diesbezüglichen Erfahrungen und Kenntnisse nur virtueller Natur sind sowie in einer ununterbrochenen Flut von Reizen untergehen? Immer mehr Forschungsarbeiten weisen darauf hin, wie gut es uns tut, unseren ›Denkapparat‹ bewusst abzuschalten und in den gegenwärtigen Augenblick einzutauchen – sei es über Atmung, Meditation, das Gehen, Poesie, Malerei oder irgendeine andere Aktivität, die zugleich unsere Sinne und unsere Konzentration anregt. Wir können unmöglich die Ressourcen und die Weitsicht für eine Neuausrichtung der Geschichte – unserer Geschichte, unserer Geschichten – finden, wenn wir uns nicht diesen Augenblicken der Fülle und der Beruhigung hingeben. Wir stehen nicht außerhalb der Natur, wir sind Natur. Unsere Körper sind außergewöhnliche, unauflösbar mit der Gesamtheit des Lebendigen verwobene Ökosysteme. Mit Anbruch des 21. Jahrhunderts scheinen wir diesen einfachen Tatbestand wiederzuentdecken und aus einer langanhaltenden Lethargie zu erwachen. Zwar legen wir bemerkenswerten Eifer an den Tag, um Technologien zu entwickeln, die in der Lage sind, Wellen und Strahlung zu beherrschen, um mit Geräten, Chips und Antennen unsere Gehirne zu verbinden und in atemberaubender Geschwindigkeit in ununterbrochenen Strömen Daten zu übertragen, aber wir haben uns noch kaum unserem Inneren zugewendet. Seit einigen Jahren wird dieses Thema jedoch von Psychiatern, Wissenschaftlern und religiösen Menschen behandelt. Doktor Jon Kabat-Zinn unterrichtete ab 1979 als einer der ersten in den Vereinigten Staaten Achtsamkeitsmeditation (eine weltliche, vom Zen inspirierte Meditationsform) in Krankenhäusern. Mittlerweile lehrt er in fast 300 Einrichtungen. Der Psychiater Christophe André verwendet die Methode mit seinen Patienten im Pariser Sainte-Anne-Krankenhaus. Ihre Forschungen und zahlreiche weitere haben deutlich gemacht, wie wirksam Meditation im Hinblick auf Stress- und Angstabbau, die Verbesserung der Verdauung und die Regulierung des Herzrhythmus ist. Dank regelmäßiger Übungen gelingt es einigen Patienten sogar, auf Beruhigungsmittel zu verzichten. Selbst die New Yorker Polizei hat eine entsprechende Ausbildungsmaßnahme für ihre Beamten eingeführt – mit erstaunlichen Ergebnissen.[2]

In seinem spannenden Buch *Allumfassende Nächstenliebe. Altruismus – die Antwort auf die Herausforderungen unserer Zeit* gibt der buddhistische Mönch Matthieu Ricard einen breiten Überblick darüber, was Versuche mit Meditation weltweit erbracht haben. Anhand einer Vielzahl wissenschaftlicher Studien belegt er, dass der Mensch von Natur aus eher altruistisch als egoistisch sei und – was noch besser ist – dass diese angeborene Neigung darüber hinaus durch tägliche Übung trainiert werden könne. Forschungen zur Plastizität des Gehirns haben gezeigt, dass sich die Areale, die für bestimmte Emotionen zuständig sind, vergrößern, wenn die Übung täglich wiederholt wird. So sollten etwa in einem der Experimente Freiwillige jeden Tag 20 Minuten über Altruismus meditieren. Nach nur vier Wochen konnten die Forscher funktionelle Veränderungen des Gehirns, Verhaltensänderungen – mehr Zusammenarbeit, prosozialere Verhaltensweisen und gegenseitige Unterstützung – und sogar strukturelle Veränderungen beobachten. Die Gehirnareale, die am stärksten beansprucht sind, wenn wir Empathie, mütterliche Liebe und ganz allgemein positive Emotionen empfinden, hatten sich leicht vergrößert. Richard Davidson von der Universität von Wisconsin wiederum hat ein Übungsprogramm für Mitgefühl und prosoziales Verhalten für Kinder im Alter von vier bis fünf Jahren durchgeführt. Innerhalb von zehn Wochen und drei 30-minütigen Sitzungen pro Woche konnte sein Team eine klare Erhöhung der altruistischen Verhaltensweisen bei den Kindern messen. Matthieu Ricard kommt zu dem Schluss,

> dass Altruismus der rote Faden ist, der die kurzfristigen Ziele der Wirtschaft, die mittelfristigen Interessen der Lebensqualität und die langfristigen Bedürfnisse der Umwelt miteinander verbindet.[3]

Unsere Fähigkeit, unsere Gefühle der Empathie und des Mitgefühls auch auf Menschen, die wir nicht kennen und die am anderen Ende der Welt leben, ebenso wie auf Tiere und ganz allgemein auf die Biosphäre auszudehnen, ist sicherlich die unumgängliche Grundlage für unsere neuen Geschichten. Hillels goldene Regel könnte als Maxime der Menschheit über allem anderen prangen: »Was dir nicht lieb ist, das tue auch deinem Nächsten nicht.«[4] Sie funktioniert allerdings nur, wenn uns das besagte Schicksal der anderen auch interessiert. Doch die Kommunikation über Geräte, die Zerstörung der Natur, die dazu führt, dass wir in sterilen Städten leben und unsere Nahrung in Supermärkten mit Gängen voller bunter Packungen besorgen, deren Herkunft und Art der Herstellung wir nicht kennen, aber auch die extreme Arbeitsteilung, die uns in Autos, U-Bahn-Stationen und Gebäuden einsperrt, können tendenziell zur Abstumpfung unserer Wahrnehmungen führen. Der Mann, der in die chinesischen Bergwerke hinabsteigt, um die seltenen Erden für mein Smartphone abzubauen, ist für mich nur eine abstrakte Vorstellung. Genauso wie der gerodete Regenwald im Amazonasgebiet oder die misshandelten, geschlachteten, gehäuteten Tiere in den Schlachthöfen ... Sähe ich sie direkt vor mir, würde ich diese Realität sicherlich nicht verkraften. Doch Tausende Kilometer entfernt, mit dem fertig verarbeiteten Produkt vor mir – einem iPhone mit eleganten Kurven, einem Bücherregal aus Teakholz oder einem leckeren, großen Burger – und losgelöst von den Umständen seiner Herstellung ertrage ich sie durchaus. Will man diese Realität verändern, erfordert das Übung und Entwöhnung, bei der uns alle erwähnten Praktiken (und noch viele weitere) durchaus helfen könnten. Ähnlich wie die alltägliche Hygiene und die körperliche Betätigung scheint mir diese Gedankenhygiene[5] wichtiger denn je, um die kommenden Jahrzehnte anzugehen. Nur mit ihrer Hilfe können wir die nötige Kraft finden, um unsere ausgetretenen Pfade zu verlassen.

Und jetzt?

»Was sollen wir tun?«

»Und wie?«

»Bleibt uns überhaupt noch genügend Zeit?«

»Die Politik muss sich endlich bewegen!«

»Von der Politik darf man nichts erwarten, der Wandel wird von unten kommen, von Leuten wie uns.«

»Durch Meditieren im stillen Kämmerlein wird man die multinationalen Konzerne nicht davon abhalten, alles zu zerstören.«

»Für uns ist es zu spät. Wichtig ist jetzt, die jungen Leute zu bilden. Denn sie sind es, die die Welt verändern werden.«

»Die Öko-Wohlstandsbürger mit ihrem Bio und ihren Sonntagsreden sind zu nichts nutze. Außer dazu, sich die Taschen vollzustopfen und das System zu unterstützen.«

»Die radikalen Ökos sollen ruhig weiter in ihrer Ecke rumschimpfen und sich als die einzigen weit und breit aufspielen, die recht haben. Wer will schon bei denen mitmachen?«

»Die Technologie wird uns schon retten.«

»Die Technologie macht uns zu Sklaven.«

»Man kann sich hier anstrengen, wie man will. Die größte Verschmutzung findet ohnehin in China statt.«

»Die Leute im Westen haben lange von der Entwicklung profitiert und jetzt wollen sie, dass wir darauf verzichten?«

»Also, ich werde erst zum Öko, wenn Nicolas Hulot* keine acht Autos mehr besitzt und Yann Arthus-Bertrand** aufhört, im Hubschrauber große Töne zu spucken.«

---

* Bekannter französischer Journalist, Fernsehmoderator und Umweltschützer. 2017 wurde er überraschend von Emmanuel Macron zum Umweltminister ernannt. Er trat jedoch bereits ein Jahr später resigniert von seinem Posten zurück. (Anm. d. Ü.)

** Auch Yann Arthus-Bertrand ist ein bekannter französischer Fotograf, Journalist, Filmemacher und Umweltschützer. (Anm. d. Ü.)

Wir (oder jedenfalls diejenigen, denen diese Themen wichtig sind) vertrödeln so viel Zeit damit, uns im Kreis zu drehen und einander die Verantwortung zuzuschieben. Und darauf zu warten, dass jemand anderes die Sache in die Hand nimmt.

Dabei ist die Lage doch eigentlich ziemlich klar.

Niemand kann mit Sicherheit sagen, wie viel Zeit uns noch bleibt, bevor es wirklich kritisch wird. Wir wissen aber, dass wir keine Zeit haben, darauf zu warten, dass sich die Gesellschaft im Laufe von ein oder zwei Generationen von selbst weiterentwickelt. Wir müssen sofort aktiv werden und drastische Veränderungen in die Wege leiten. Wir müssen eine echte Revolution, einen grundlegenden Wandel und Umbruch in Gang setzen. Einzelne Maßnahmen, die die Ordnung unserer Gesellschaften nicht grundlegend infrage stellen (z. B. wenn wir Atomkraftwerke durch Windkraftanlagen ersetzen oder chemische Pestizide durch solche, die von der biologischen Landwirtschaft toleriert werden), sind sinnlos. Wir müssen jetzt global denken und den gegenseitigen Abhängigkeiten aller Systeme Rechnung tragen. Wir müssen unsere Wirtschafts-, Landwirtschafts-, Energie- und Bildungsmodelle sowie unsere demokratische Ordnung völlig neu erfinden ...[1] Wir wissen, dass individuelles Handeln allein nicht genügt und dass wir nicht auf den guten Willen der politischen Verantwortlichen zählen können. Sie haben ohne uns nur wenig Macht, und umgekehrt haben wir auch nur einen begrenzten Einfluss ohne sie. Unser einziger Ausweg besteht darin, Räume für eine Zusammenarbeit zwischen Abgeordneten, Unternehmern und Bürgern zu schaffen. Dafür sind Narrative und Geschichten sicherlich das effektivste Mittel. Doch zusammenarbeiten bedeutet nicht, abzuwarten, bis sich alle einig sind. Vielmehr muss jeder seinen Teil dazu beitragen, diese neue Fiktion zu gestalten: indem wir z. B. unsere Lebensweise verändern, unsere berufliche Tätigkeit neu ausrichten; indem wir eine starke Gemeinschaft um uns herum aufzubauen helfen; indem wir uns politisch einmischen, um Druck auf die Abgeordneten auszuüben oder in unserer Stadt, Region oder unserem Land selbst gewählt zu werden; indem wir uns engagieren, um den Beschluss von besonders zerstörerischen Gesetzen oder Projekten zu verhindern, indem wir kommunizieren und informieren, erfinden, neugestalten ... Wir können unsere Energie nur aus unserem Enthusiasmus schöpfen, aus unserer Fähigkeit, die richtige Person am richtigen Ort zu sein, unsere Talente zu entfalten und das zu tun, wofür wir uns begeistern und was uns dazu antreibt, jeden Morgen wieder aufzustehen.

Am Anfang haben wir nur Macht über uns selbst. Wir sind unser eigenes Reich, das wir regieren, reformieren und verändern können. Einfluss auf uns und unsere nahe Umgebung auszuüben, ist kein Lebenszweck, sondern der Auftakt zu größeren Vorhaben. Wenn wir unser individuelles Narrativ verändern, ermutigen wir die Menschen um uns herum dazu, mit uns eine kollektive Erzählung zu schaffen. Und wenn diese Erzählung hinreichend viele Menschen erreicht hat, wird die Zeit gekommen sein, unsere Kräfte millionenfach zu bündeln, um die Rahmenbedingungen zu verändern, die unser Leben beherrschen. Und um eine Kehrtwende einzuleiten. Wann? Ich habe nicht die leiseste Ahnung. Wie genau? Auch das kann ich nicht sagen. Wird der ökologische Kollaps dann nicht bereits stattgefunden haben? Möglicherweise. Doch welchen Plan sollten wir ansonsten verfolgen? Jeder Tag ist ein kleiner Kampf, den es zu führen gilt, aber auch die Chance, eine neue Wirklichkeit zu gestalten. Fangen wir noch heute damit an.

Anmerkungen

Vorwort

1 *On n'est pas couché*, Sendung auf *France 2*, 12. Dezember 2015, www.youtube.com/watch?v=XS1e3W3upd8.

2 350.org/fr/global-climate-march/.

3 Claire Phipps u. a., »Global climate march 2015. Hundreds of thousands march around the world – as it happened«, in: *The Guardian*, 29. November 2015, www.theguardian.com/environment/live/2015/nov/29/global-peoples-climate-change-march-2015-day-of-action-live.

Es ist schlimmer, als Sie denken

1 Michel Serres, *C'était mieux avant!*, Paris 2017.

2 Matthieu Ricard, *Allumfassende Nächstenliebe. Altruismus – die Antwort auf die Herausforderungen unserer Zeit*, übers. von Margarete Mehdorn u. a., Hamburg 2016, S. 464 f.

3 Der englische Ökonom Max Roser von der Universität Oxford hat mehrere Grafiken erstellt, die dies eindrücklich veranschaulichen: Vgl. Max Roser, »The Visual History of Decreasing War and Violence«, ourworldindata.org/slides/war-and-violence/#/title-slide.

4 Welternährungsorganisation (Hrsg.), »Le nombre de personnes souffrant de la faim passe sous la barre des 800 millions. Prochain objectif: l'éradication«, 27. Mai 2015, www.fao.org/news/story/fr/item/288345/icode/.

5 Observatoire des Inégalités (Hrsg.), »L'accès à la médecine inégalement réparti dans le monde«, 13. Dezember 2018, www.inegalites.fr/L-acces-a-la-medecine-inegalement-reparti-dans-le-monde?id_theme=26.

6 Planétoscope (Hrsg.), »La déforestation dans le monde«, www.planetoscope.com/forets/274-deforestation---hectares-de-foret-detruits-dans-le-monde.html.

7 David Wallace-Wells, »The Uninhabitable Earth, Annotated Edition«, in: *New York Magazine*, 10. Juli 2017, nymag.com/daily/intelligencer/2017/07/climate-change-earth-too-hot-for-humans-annotated.html.

8 Seuil, Reihe »Anthropocène«, 2015.

9 Zeke Hausfather, »Major correction to satellite data shows 140 % faster

warming since 1998«, in : *Carbon Brief*, 30. Juni 2017, www.carbon
brief.org/major-correction-to-satellite-data-shows-140-faster-
warming-since-1998.

10 Ben Chapman, »BP and Shell planning for catastrophic 5 °C global
warming despite publicly backing Paris climate agreement«, in: *The
Independent*, 27. Oktober 2017, www.independent.co.uk/news/
business/news/bp-shell-oil-global-warming-5-degree-paris-climate-
agreement-fossil-fuels-temperature-rise-a8022511.html.

11 World Meteorological Association, »Atlantic generated 40 hurricane
days this September – defeating record of 34.5 set in 1926«, Tweet vom
29. September 2017, twitter.com/WMO/status/913793472087371776.

12 Steven C. Sherwood / Matthew Huber, »An Adaptability Limit to Climate Change Due to Heat Stress«, in: *PNAS* 107 (2010), H. 21, www.
pnas.org/content/107/21/9552?ijkey=cf45cb85674d389513fa07106fo
da491d045cda2&keytype2=tf_ipsecsha.

13 Jared Diamond, *Kollaps. Warum Gesellschaften überleben oder untergehen*, übers. von Sebastian Vogel, Frankfurt am Main 2005.

14 Lester Brown, *World on the edge. How to prevent environmental and
economic collapse*, London 2011.

15 »L'Inde rattrape la Chine en nombre de morts de la pollution«, in:
Sciences et Avenir, 14. Februar 2017, https://www.sciencesetavenir.fr/
nature-environnement/l-inde-rattrape-la-chine-en-nombre-de-
morts-de-la-pollution_110560.

16 Weltgesundheitsorganisation (Hrsg.), »L'insalubrité de l'environne-
ment provoque 12,6 millions de décès par an«, 15. März 2016, www.
who.int/mediacentre/news/releases/2016/deaths-attributable-to-
unhealthy-environments/fr/.

17 D. Kim u.a., »The Joint Effect of Air Pollution Exposure and Copy
Number Variation on Risk for Autism«, in: *Autism Research*, 27. April
2017. Siehe außerdem den Artikel von Mike McCrae, »Exposure to
Ozone Kicks Up Chances of Autism 10-Fold in At-Risk Kids«, in:
Science Alert, 24. Juni 2017, https://www.sciencealert.com/exposure-
to-ozone-kicks-up-autism-risk-10-fold-for-those-with-high-genetic-
variability.

18 IPCC Working Group II, *AR5 Climate Change 2014: Impacts, Adapta-
tion, and Vulnerability*, https://www.ipcc.ch/report/ar5/wg2/.

19 Marshall Burke / Solomon Hsiang / Edward Miguel, »Climate and
Conflict«, in: *Annual Review of Economics* 7 (2015), S. 577–617, dx.doi.
org/10.1146/annurev-economics-080614-115430.

20 Vereinte Nationen (Hrsg.), »Climat: 250 millions de nouveaux déplacés d'ici à 2050, selon le HCR«, 10. Dezember 2008, https://news. un.org/fr/story/2008/12/145732-climat-250-millions-de-nouveaux-deplaces-dici-2050-selon-le-hcr.

21 Matthieu Pelloli, »La Chine exploite 10 millions d'hectares de terres agricoles hors de ses frontières«, in: Le Parisien, 30. Juni 2016, www. leparisien.fr/espace-premium/fait-du-our/10-millions-d-hectares-de-terres-cultivees-hors-de-leurs-frontieres-30-06-2016-5926767. php.

22 Französisches Umweltministerium (Hrsg.), »4,7 millions de poids lourds en transit à travers la France en 2010«, 1. August 2012, http:// temis.documentation.developpement-durable.gouv.fr/document. html?id=Temis-0076863.

23 Zahlen für Frankreich auf www.salon-technotrans.com/le-transport-en-chiffres/.

24 Jeremy Rifkin, Die dritte industrielle Revolution: Die Zukunft der Wirtschaft nach dem Atomzeitalter, übers. von Bernhard Schmid, Frankfurt am Main 2014.

25 Jean-Paul Fritz, »Réchauffement climatique: il ne reste que 3 ans pour inverser la tendance«, in: L'Obs, 28. Juni 2017, https://www.nouvelobs. com/sciences/20170628.OBS1345/rechauffement-climatique-il-ne-reste-que-3-ans-pour-inverser-la-tendance.html.

26 »Le cri d'alarme de quinze mille scientifiques sur l'état de la planète«, in: Le Monde, 13. November 2017, https://www.lemonde.fr/planete/article/2017/11/13/le-cri-d-alarme-de-quinze-mille-scientifiques-sur-l-etat-de-la-planete_5214185_3244.html.

27 Yves Cochet, »De la fin d'un monde à la renaissance en 2050«, in: Libération, 23. August 2017, www.liberation.fr/debats/2017/08/23/de-la-fin-d-un-monde-a-la-renaissance-en-2050_1591503.

Jede Handlung zählt, wenn ...

1 Olga Wormser, zit. in: »La résistance dans les camps de concentration et d'extermination«, sepia.ac-reims.fr/clg-les-jacobins/-spip-/IMG/pdf/La_resistance_dans_les_camps_de_concentration.pdf.

2 Slavoj Žižek, »Trier, manger bio, prendre son vélo ... ce n'est pas comme ça qu'on sauvera la planète«, in: Bibliobs, 1. Januar 2017, bibliobs.nouvelobs.com/idees/20161229 OBS3181/trier-manger-bio-

prendre-son-velo-ce-n-est-pas-comme-ca-qu-on-sauvera-la-planete.
html.

3 Will Falk, »Le piège d'une culpabilité perpetuelle«, 8. Juni 2016, partage-
le.com/2017/01/le-piege-dune-culpabilite-perpetuelle-par-will-
falk/.

4 Derrick Jensen, »Forget Shorter Showers«, 7. Juli 2009, www.derrick
jensen.org/2009/07/forget-shorter-showers/.

5 Für den prozentualen Anteil in Frankreich 2013 vgl. https://
observatoire-electricite.fr/notes-de-conjoncture/La-consommation-
d-energie-en-320.

6 Zit. in Jensen, »Forget Shorter Showers«.

7 Vgl. die Zusammenfassung auf der Seite *Toute l'Europe:* www.
touteleurope.eu/actualite/l-europe-s-invite-au-grenelle-de-l-
environnement.html.

8 Pierre Le Hir / Audrey Garric, »Les ventes de pesticides ont baissé
pour la première fois en France depuis 2009«, in: *Le Monde*, 31. Januar
2017, https://www.lemonde.fr/planete/article/2017/01/31/les-ventes-
de-pesticides-en-france-ont-baisse-pour-la-premiere-fois-depuis-
2009_5072293_3244.html.

9 Zitat, das mir aus seinem nahen Umfeld wiedergegeben wurde und
das erwähnt wird in: »Danielle Mitterrand: ›La démocratie n'existe ni
aux USA, ni en France‹«, in: *Médiapart*, 19. Dezember 2013, https://
blogs.mediapart.fr/pizzicalaluna/blog/191213/danielle-mitterrand-
la-democratie-n-existe-ni-aux-usa-ni-en-france.

10 Jensen, »Forget Shorter Showers«.

11 Einem Bericht von Kantar Worldpanel zufolge (Januar 2016).

12 Marina Torre, »Distribution: l'influence croissante des centrales
d'achats européennes«, in: *La Tribune*, 1. März 2016, https://www.
latribune.fr/entreprises-finance/services/distribution/distribution-
l-influence-croissante-des-centrales-d-achats-europeennes-554736.
html.

13 Agence Bio, »Les chiffres clés: Comprendre le consommateur«, www.
agencebio.org/comprendre-le-consommateur-bio.

14 Mariethé Ferrisi, »La stratégie de choc: du Chili à la Grèce ...«, in: *Médiapart*, 7. Mai 2013, blogs.mediapart.fr/mariethe-ferrisi/blog/070513/
la-strategie-de-choc-du-chili-la-grece.

15 Guillaume Pitron, *La Guerre des métaux rares – la face cachée de la
transition économique et numérique*, Paris 2018.

16 Jensen, »Forget Shorter Showers«.

Eine neue Geschichte schreiben, um den Lauf der Geschichte zu verändern

1 George Marshall, *Don't even think about it. Why Our Brains are Wired to Ignore Climate Change*, London u. a. 2015.

2 Nancy Huston, *L'espèce fabulatrice*, Arles 2008, S. 14.

3 Zit. in: Matthieu Ricard, *Allumfassende Nächstenliebe*, S. 170 ff. [u. ö.].

4 Yuval Noah Harari, *Homo Deus. Eine Geschichte von Morgen*, übers. von Andreas Wirthensohn, München 2018, S. 198–206.

5 Inspiriert von den ersten wissenschaftlichen Forschungen auf diesem Gebiet und von dem gleichnamigen Roman von Thea von Harbou.

6 Film von Vassili Zouravlev.

7 Jean-Gabriel Ganascia, Interview in *Le Nouveau Magazine littéraire*, 15. Februar 2018.

8 »[L'enseignement de l'ignorance] Quelle est la nation qui a le plus contribué à la défaite de l'Allemagne en 1945?«, in: *Les Crises*, 8. Mai 2019, www.les-crises.fr/la-fabrique-du-cretin-defaite-nazis.

Was die aktuelle Fiktion aufrechterhält

1 *Rifkin, Die dritte industrielle Revolution*, S. 142

2 Jean-Michel Décugis, »Le salaire du dealer«, in: *Le Point*, 15. Dezember 2011, www.lepoint.fr/economie/le-salaire-du-dealer-15-12-2011-1408690_28.php.

3 »La surexposition des jeunes enfants aux écrans est un enjeu majeur de santé publique«, in: *Le Monde*, 31. Mai 2017, www.lemonde.fr/sciences/article/2017/05/31/la-surexposition-des-jeunes-enfants-aux-ecrans-est-un-enjeu-majeur-de-sante-publique_5136297_1650684.html.

4 Forschungen, die von Gloria Mark und Microsoft vorgenommen wurden, zit. in: Tristan Harris, »How better tech could protect us from distraction«, TED Talk, Dezember 2014, www.ted.com/talks/tristan_harris_how_better_tech_could_protect_us_from_distraction.

5 Paul Lewis, »›Our minds can be hijacked‹: the tech insiders who fear a smartphone dystopia«, in: *The Guardian*, 5. Oktober 2017, www.theguardian.com/technology/2017/oct/05/smartphone-addiction-silicon-valley-dystopia.

6 Harris, »How better tech could protect us from distraction«.

7 Alice Maruani, »Tristan Harris: ›Des millions d'heures sont juste vo-
lées à la vie des gens‹«, in: *L'Obs*, 4. Juni 2016, www.nouvelobs.com/
rue89/rue89-le-grand-entretien/20160604.RUE3072/tristan-harris-
des-millions-d-heures-sont-juste-volees-a-la-vie-des-gens.html.

8 Jean M. Twenge, »Have Smartphones Destroyed a Generation?«,
in: *The Atlantic*, September 2017, www.theatlantic.com/magazine/
archive/2017/09/has-the-smartphone-destroyed-a-generation/
534198.

9 Matthew B. Crawford, *Contact: Pourquoi nous avons perdu le monde,
et comment le retrouver*, übers. von Marc Saint-Upéry und Christophe
Jaquet, Paris 2016, S. 335.

10 Catherine Petillon, »Lawrence Lessig: ›La segmentation du monde
que provoque Internet est dévastatrice pour la démocratie‹«, in:
France Culture, 22. Dezember 2016, https://www.franceculture.fr/
numerique/lawrence-lessig-la-segmentation-du-monde-que-
provoque-internet-est-devastatrice-pour-la.

11 *Archives parlementaires de 1789 à 1860*, Librairie administrative de
Paul Dupont, 1875.

12 Jean-Jacques Rousseau, *Du contrat social/Vom Gesellschaftsvertrag,
Französisch-Deutsch*, übers. von Hans Brockard, Ditzingen 2010,
S. 211.

13 www.colibris-lemouvement.org/sites/default/files/etude_ifop_
colibris.pdf.

14 Siehe »Study: US is an oligarchy, not a democracy«, in: *BBC Blogs*,
17. April 2014, www.bbc.com/news/blogs-echochambers-27074746,
und Martin Gilens / Benjamin I. Page, »Testing Theories of American
Politics: Elites, Interest Groups, and Average Citizens«, in: *Perspec-
tives on Politics* 12 (2014), H. 3, S. 564–581.

15 Jean-Jacques Rousseau, *Du contrat social/Vom Gesellschaftsvertrag*,
S. 151.

Wie man neue Fiktionen entwickelt

1 Siehe das Kapitel über Geld in meinem vorangegangenen Buch *Tomorrow – die Welt ist voller Lösungen*, übers. von Elisabeth Müller,
Bielefeld 2017, S. 150–181.

2 Siehe insbesondere die Forschungen von Robert Ulanowicz und Alex-
ander C. Zorach von der Universität Maryland: »Quantifying the

Complexity of Flow Networks: How Many Roles Are There?«, in: *Complexity* 8 (2003), H. 3, onlinelibrary.wiley.com/doi/10.1002/cplx. 10075/full.

3 Bernard Lietaer, »Why this crisis? And what to do about it?«, TED Talk, 30. September 2011, https://www.youtube.com/watch?v= nORI8r3JIyw, ab Minute 7:50.

4 Isabelle Delannoy, *L'Économie symbiotique, régénérer la planète, l'économie et la société*, Arles 2017.

5 *Manifeste Néga Watt*, Arles 2012, und *Babel* Nr. 1550 (2015).

6 Man lese dazu David Van Reybrouck, *Gegen Wahlen. Warum Abstimmen nicht demokratisch ist*, übers. von Arne Braun, Wallstein 2016.

7 Eine ausführlichere Geschichte der isländischen Revolution wird in folgendem Werk erzählt: Pascal Riché, *Comment l'Islande a vaincu la crise. Reportage dans le labo de l'Europe*, Paris 2013 (vgl. auch »L'Islande, modèle de sortie de crise ?«, in: *Libération*, 8. Februar 2013), sowie in meinem bereits zitierten Buch *Tomorrow*, S. 223–234.

8 Viele weitere Forschungen und Experimente werden in Van Reybrouck, *Gegen Wahlen*, erwähnt.

9 Siehe seine Internetseite: humanetech.com/.

10 »Cash transfers for children – investing into the future«, in: *The Lancet* 373 (2009), H. 9682, www.thelancet.com/journals/lancet/article/ PIIS0140-6736(09)61166-1/fulltext.

11 Rutger Bregmann, *Utopien für Realisten*, Reinbek 2017.

12 H. Roy Kaplan, »Lottery Winners. The Myth and Reality«, in: *Journal of Gambling Studies* 3 (1987), H. 3, S. 168–178.

13 Zitat aus dem französischen Wikipedia-Artikel »Effet multiplicateur du crédit«, fr.wikipedia.org/wiki/Effet_multiplicateur_du_crédit.

14 Zur Vertiefung dieser Frage vgl. Bernard Lietaer / Jacqui Dunne, *Réinventons la monnaie!*, Gap 2016.

15 François Morin, *Le Nouveau Mur de l'argent. Essai sur la finance globalisée*, Paris 2006.

16 *Dion, Tomorrow*.

17 James Stodder / Bernard Lietaer, »The Macro-Stability of Swiss WIR-Bank Spending: Balance, Velocity, and Leverage«, in: *Comparative Economic Studies*, Dezember 58 (2016), H. 4, S. 570–605, link. springer.com/article/10.1057/S41294-016-0001-5?view=classic, und James Stodder, »Complementary Credit Networks and Macro-Economic Stability: Switzerland's Wirtschaftsring«, in: *Journal of Economic Behavior and Organization*, Oktober 2009, S. 79–95, https://

econpapers.repec.org/article/eeejeborg/v_3a72_3ay_3a2009_3ai_3a1_
3ap_3a79-95.htm.

18 www.jimstodder.com/Stodder_vita.html.

19 Vgl. den französischen Wikipedia-Artikel »Ethereum«, fr.wikipedia.
org/wiki/Ethereum.

20 »Thomas Jefferson to John Taylor, 28 May 1816«; founders.archives.
gov/documents/Jefferson/03-10-02-0053.

21 »Grèce: l'Allemagne a profité de la crise (étude)«, in: Le Figaro, 10. August 2015, www.lefigaro.fr/flash-eco/2015/08/10/97002-20150810
FILWWW00214-grece-l-allemagne-a-profite-de-la-crise-etude.php.

22 Ebd.

23 Sebastian Seibt, »La dette grecque, poule aux euros d'or de la Banque
centrale européenne«, in: France24, 11. Oktober 2017, www.france24.
com/fr/20171011-bce-banque-centrale-dette-grecque-profit-interet-
economie-europe.

Wann beginnt die Revolution?

1 Zit. in: William Safire, Words of Wisdom, New York 1990.

2 Robert Maurer, Kleine Schritte, die Ihr Leben verändern: Kaizen für
die persönliche Entwicklung, übers. von Rotraud Oechsler, Kirch-
zarten 2016.

3 Dion, Tomorrow.

4 Srdja Popovic / Matthew Miller, Protest! Wie man die Mächtigen das
Fürchten lehrt, übers. von Jürgen Neubauer, Frankfurt am Main 2015.

5 Adolf Hitler, Mein Kampf, München 1939, S. 198.

6 All diese Zitate und Informationen stammen aus den Werken von Marc
Ferro, Analyse de film, analyse de sociétés: une source nouvelle pour
l'histoire, Paris 1976, und Le Cinéma: une vision de l'histoire, Paris 2003.

7 »Banalisation de l'état d'urgence: une menace pour l'État de droit«,
12. Juli 2017, Appell auf den Websites von Mediapart und Libération,
der von 300 Hochschullehrern und Forschern unterzeichnet wurde
(www.liberation.fr/debats/2017/07/12/banalisation-de-l-État-d-
urgence-une-menace-pour-l-État-de-droit_1583331).

8 Elsa Trujillo, »En Chine, le grand bond en avant de la reconnaissance
faciale«, in: Le Figaro, 11. Dezember 2017, http://www.lefigaro.fr/
secteur/high-tech/2017/12/11/32001-20171211ARTFIG00240-en-
chine-le-grand-bond-en-avant-de-la-reconnaissance-faciale.php.

9 Léa Marie, »La police chinoise s'équipe de lunettes de reconnaissance faciale pour identifier des suspects«, in: *Slate*, 8. Februar 2018, https://www.slate.fr/story/157444/chine-police-lunettes-intelligentes-reconnaissance-faciale.

10 Guillaume Grallet, »Une semaine avec une puce sous la peau«, in: *Le Point*, 27. Juni 2015, www.lepoint.fr/high-tech-internet/une-semaine-avec-une-puce-sous-la-peau-27-06-2015-1940461_47.php.

11 Interview mit Vandana Shiva in *Kaizen*, November 2012.

12 Er lässt sich kostenlos herunterladen unter: www.aeinstein.org/wp-content/uploads/2013/09/FDTD_French.pdf.

13 Man lese zu diesem Thema Ludovic Lamant, *Squatter le pouvoir, les mairies rebelles d'Espagne*, Montréal 2016.

14 Laetitia Van Eeckhout, »Douze grandes métropoles veulent devenir des territoires sans énergie fossile d'ici à 2030«, in: *Le Monde*, 23. Oktober 2017, www.lemonde.fr/smart-cities/article/2017/10/23/treize-grandes-metropoles-veulent-devenir-des-territoires-sans-energie-fossile-d-ici-a-2030_5204747_4811534.html.

15 Pierre Le Hir, »Climat: Paris vise la neutralité carbone en 2050«, in: *Le Monde*, 13. März 2017, https://www.lemonde.fr/planete/article/2017/03/13/climat-paris-vise-la-neutralite-carbone-en-2050_5093437_3244.html.

16 Yona Helaoua, »New York attaque cinq pétroliers en justice pour leur responsabilité dans le changement climatique«, in : *Reporterre*, 11. Januar 2018, reporterre.net/New-York-attaque-cinq-petroliers-en-justice-pour-leur-responsabilite-dans-le.

17 Siehe Vereinte Nationen (Hrsg,), *World Urbanization Prospects 2018*, https://population.un.org/wup/ und Mark Kinver, »UN report: Cities ignore climate change at their peril«, in : *BBC News,* 29. März 2011 www.bbc.com/news/science-environment-12881779.

Die Stunde der Entscheidung

1 Zwei Studien zu diesem Thema wurden im Dezember 2017 in der Zeitschrift *Cell* veröffentlicht: N. F. Parish / K. Tomonaga, »A Viral (Arc) Hive for Metazoan Memory«, in: *Cell* 72 (2018), H. 1–2, S. 8–10; und E. D. Pastuzyn u. a., »The Neuronal Gene Arc Encodes a Repurposed Retrotransposon Gag Protein that Mediates Intercellular RNA Transfer«, in: *Cell* 172 (2018), H. 1–2, S. 275–288.

2 Wendy Joan Biddlecomb Agsar, »Shinnyo-en Priest Bringing Meditation to New York City Police Department«, in: *Tricycle*, 13. Februar 2018, tricycle.org/trikedaily/priest-bringing-meditation-nypd/.

3 Ricard, *Allumfassende Nächstenliebe*, S. 741 (Übers. modifiziert).

4 Lazarus Goldschmidt (Hrsg.), *Der Babylonische Talmud*, Berlin 1898, Band I, S. 522.

5 Das ist die Idee, die Thomas d'Ansembourg und David Van Reybrouck in ihrem Werk *La Paix, ça s'apprend!* (Arles 2016) entwickeln.

Und jetzt?

1 Ich bin in diesem Werk nicht näher auf diese Vorschläge eingegangen, doch sie können in meinem vorangegangenen Buch *Tomorrow* nachgelesen werden.

Literaturhinweise

Ich habe ganz bewusst auf einen eigenen Teil mit konkreten Handlungsvorschlägen verzichtet. Auf unzähligen Webseiten und in Büchern steht bereits alles, was wir im eigenen Alltag tun können und sollten, um unseren ökologischen (und sozialen) Fußabdruck auf diesem Planeten zu verringern.

Aus meiner Sicht läuft alles auf eine Frage hinaus, die wir uns jedes Mal stellen können, wenn wir etwas tun und eine Entscheidung treffen müssen (z. B. wenn wir Einkaufen gehen, Fortbewegungsmittel nutzen, handwerkliche Tätigkeiten erledigen, Geschirr spülen usw.): »Welche Auswirkungen hat das auf die Natur und die anderen Menschen?«

Natürlich verlangt eine Antwort auf diese Frage oft einige Recherchen. Zu verstehen, wie (und durch wen) die Produkte hergestellt wurden, wie weit sie gereist sind und wo sie enden (Rückstände von Reinigungsmitteln in den Flüssen, der Elektronikschrott in Müllkippen-Städten in Afrika …) ist manchmal mühsam, doch erst wenn wir uns dieser Komplexität stellen, können wir wirklich Entscheidungen treffen und die Welt verstehen, in der wir leben. Und das ist wichtiger denn je.

Hier dennoch eine (bei weitem nicht erschöpfende) Auswahl an Beispielen, Büchern und Webseiten [für die deutsche Ausgabe ergänzt, Anm. d. Red.]:

Bücher

Birnbacher, Dieter: Klimaethik. Nach uns die Sintflut? Ditzingen 2016.

Bouttier-Guérive, Gaëlle / Thouvenot, Thierry: Planète attitude. Les gestes écologiques au quotidien. Paris 2004.

Chenebault, Christophe: Impliquez-vous. 101 actions solidaires et écolos pour un monde meilleur. Mit einem Vorwort von Pierre Rabhi. Paris 2015.

Golla, Mathilde: 100 jours sans supermarché. Le premier guide des circuits courts. Paris 2018.

Pichon, Jérôme / Moret, Bénédicte: La Famille (presque) zéro déchets. Zeguide. Mit einem Vorwort von Nicolas Hulot. Vergèze 2016.

Rabhi, Pierre: Glückliche Genügsamkeit. Übers. von Dirk Höfer. Berlin 2011.

Ratzesberger, Pia: Plastik. 100 Seiten. Ditzingen 2019.

Sieglar, Jennifer: Umweltliebe. Wie wir mit wenig Aufwand viel für unseren Planeten tun können. München 2019.

Verbeken, Herveline / Lefèvre, Marie: J'arrête de surconsommer! 21 jours pour sauver la planète et mon compte en banque. Mit einem Vorwort von Cyril Dion. Paris 2017.

Die Reihe »Je passe à l'acte« im Verlag Actes Sud.
Die Sonderausgaben der Zeitschrift *Kaizen* über Autonomie.

Webseiten

Borioli Sandoz, Valérie: Zero Waste Anleitung. Zero Waste Switzerland 2017. https://zerowasteswitzerland.ch/de/projekte_treffen/zerowaste-anleitungen/zerowaste-anleitung

La fabrique des colibris (eine französischsprachige Plattform für die wechselseitige Unterstützung von Bürgerinnen und Bürgern, auf der jeder nachlesen kann, wie man ›seinen Anteil leisten kann‹): www.colibrislemouvement.org/projets/fabrique-colibris

Rat für Nachhaltige Entwicklung: Der Nachhaltige Warenkorb. Ratgeber für umweltbewussten und sozialen Konsum. https://www.nachhaltiger-warenkorb.de/

Steffan, Kristin: Klimaschutz beginnt im Haushalt. Die 77 besten Klimaschutz-Tipps. NABU – Naturschutzbund Deutschland e. V. https://www.nabu.de/umwelt-und-ressourcen/klima-und-luft/klimawandel/06740.html

Danksagung

Ich danke von Herzen Éva Chanet, Anne-Sylvie Bameule, Jean-Paul Capitani und Aïté Bresson für ihr sorgfältiges und wohlwollendes Lektorat des Manuskripts.

Ebenso danke ich Émeline Lacombe für ihre unerlässliche Koordinationsarbeit.

Vielen Dank zudem an alle in diesem Buch zitierten Autoren, deren Gedanken und Forschungen mich zutiefst bereichert haben. Unter ihnen gilt ein besonderer und herzlicher Dank meiner Freundin Nancy Huston, deren Arbeit ich so sehr bewundere. Ihr Essay *L'Espèce fabulatrice* ist zweifellos eines der Bücher, die meine Projekte in den letzten vier Jahren am meisten beeinflusst und meine Wahrnehmung der Welt grundlegend verändert haben. Es ist eines der Hauptinspirationsquellen für dieses Buch gewesen.

Danke an Pablo und Lou dafür, dass sie die Stimmungsschwankungen ihres Vaters ertragen haben, dem es nicht immer leichtfiel, Raum zu finden, um sich zu konzentrieren.

Und meinen Dank an Fanny, die mich weiterhin liest, mir Selbstvertrauen gibt und mich inspiriert.